AF457889

MUSÉE
DU
LOUVRE

COLLECTION
ARCONATI VISCONTI

PEINTURES ET DESSINS
SCULPTURES ET OBJETS D'ART
du Moyen Âge et de la Renaissance

48 PLANCHES

PARIS
LIBRAIRIE HACHETTE ET Cie
79, BOULEVARD SAINT-GERMAIN

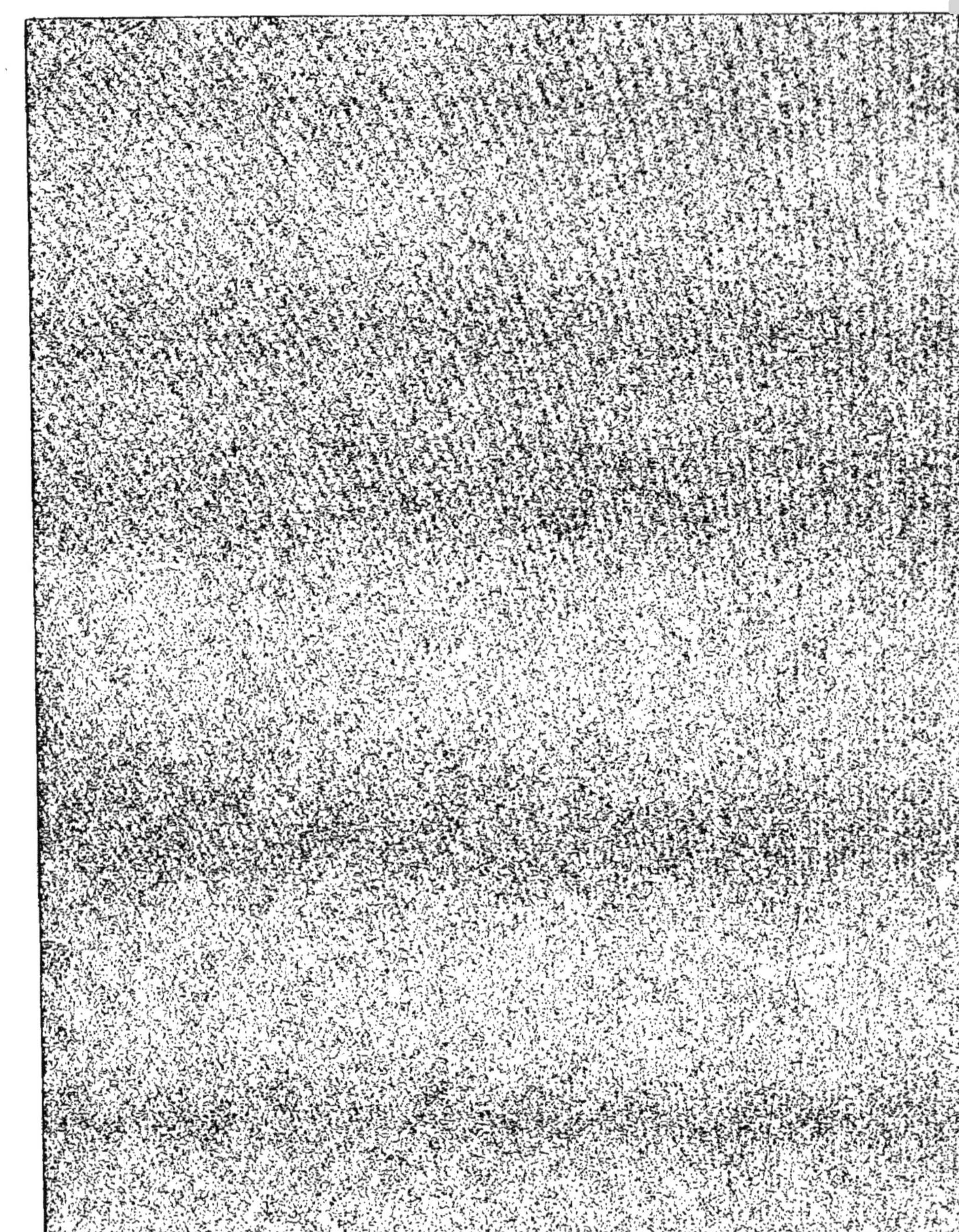

MUSÉE NATIONAL DU LOUVRE

CATALOGUE

DE LA

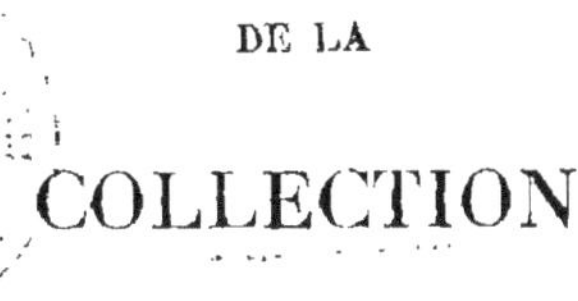

COLLECTION

ARCONATI VISCONTI

PARIS
LIBRAIRIE HACHETTE & Cie
79, boulevard Saint-Germain

1917

DONATION

ARCONATI VISCONTI

Cette collection, formée par Madame la Marquise Arconati Visconti, a été donnée par elle au Musée du Louvre le 17 mars 1914 et acceptée par décret du 11 novembre 1916.

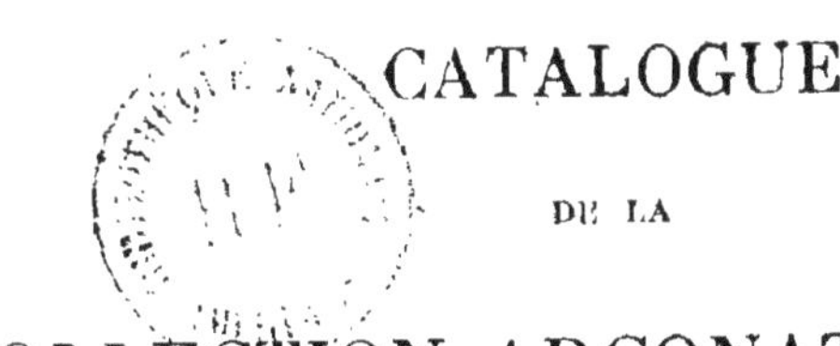

CATALOGUE

DE LA

COLLECTION ARCONATI VISCONTI

Ce catalogue a été rédigé par :

MM. Paul Leprieur, conservateur du Département des Peintures, des Dessins et de la Chalcographie.

André Michel, conservateur du Département des Sculptures du Moyen Âge, de la Renaissance et des Temps modernes.

Gaston Migeon, conservateur du Département des Objets d'art du Moyen âge, de la Renaissance et des Temps modernes.

J.-J. Marquet de Vasselot, conservateur-adjoint du Département des Objets d'art du Moyen âge, de la Renaissance et des Temps modernes.

PREMIÈRE PARTIE

PEINTURES ET DESSINS

PAR

Paul LEPRIEUR

CONSERVATEUR DES PEINTURES, DES DESSINS
ET DE LA CHALCOGRAPHIE

PEINTURES

ÉCOLES DU MIDI

ITALIE

BOTTICINI (Francesco di Giovanni) ; Florence, 1446 (?) — 17 janvier 1498. (École florentine).

Fils d'un peintre de cartes à jouer ; d'abord élève de Neri di Bicci (22 oct. 1459 — 24 juil. 1460) ; se forma surtout à l'école de Cosimo Rosselli, de Botticelli et de Verrocchio, chez lesquels il paraît avoir travaillé. Son fils Raffaello (né en 1477) reprit et continua après lui son atelier.

1. **La Vierge adorant l'Enfant Jésus, avec le petit saint Jean et deux anges.**

La Vierge, en robe rouge carmin et manteau vert à bordures ornementées d'or, avec voile de mousseline sur les cheveux blonds, est agenouillée, mains jointes, de trois quarts vers la gauche, sur le gazon semé de pâquerettes. Elle adore l'Enfant demi-nu, couché devant elle, qui porte la main gauche à sa bouche, le corps entièrement cerné de rayons d'or. A gauche, deux anges aux cheveux bouclés, également agenouillés, joignant ou croisant les mains en geste d'adoration : l'un en blanc, tête tournée vers le spectateur ; l'autre en vert sombre, les yeux baissés. A droite, derrière la Vierge, s'avance saint Jean-Baptiste enfant, vêtu d'une tunique de peau de bête, jambes et bras nus, croix d'or appuyée sur l'épaule droite, entrecroisant les bras avec vénération. Toutes les figures ont des nimbes picotés d'or (celui de l'Enfant avec signe cruciforme). Au delà des prés fleuris de marguerites, la vue s'étend sur la vaste ouverture d'une vallée où serpente une rivière sinueuse, avec villes fortifiées, châteaux sur les hauteurs et lac lointain, devant la ligne verdâtre des montagnes qui ferment l'horizon. (Pl. I).

Tondo. Détrempe. Peuplier parqueté. — Diam. 0m 815.
Cadre florentin en bois peint et doré, fin du xve siècle.

Hist. Mentionné depuis le xviie siècle dans les inventaires de la famille Arconati sous le nom de Domenico Ghirlandajo, et conservé autrefois au château de Balbianello, sur le lac de Côme, le tableau fut prêté en 1872 (26 août-7 oct.) par le Mis Giuseppe Arconati à une Exposition d'art ancien, au Musée Brera, à Milan (n° 79, attribué à D. Ghirlandajo), et réuni plus tard par la M[ise] Arconati Visconti à ses collections de Paris.

Bibl. J.-J. Marquet de Vasselot, *La Collection de Mme la M[ise] Arconati Visconti* (*Les Arts*, juil. 1903, p. 17-18, repr.). — S. Reinach, *Tableaux inédits ou peu connus tirés de collections parisiennes*; Paris, Lévy et fils, 1906, in-fol., p. 38-39, pl. XXXI. — B. Berenson (*The Florentine painters of the Renaissance*; New-York and London, Putnam, in-8°, 2° éd., 1907, p. 110; 3° éd., 1909, p. 121) le cite parmi les œuvres de Botticini. — Cf. également E. Kühnel, *Francesco Botticini*; Strasbourg, Heitz, 1906, in-4°, p. 11-12 et 65, pl. VIII, et A. Venturi, *Storia dell' arte italiana*, t. VII, I; Milano, Hœpli, 1911, in-8°, p. 796.

En rapport très étroit avec le beau tondo de sujet analogue, au Palais Pitti, à Florence (n° 347), *La Vierge adorant l'Enfant dans un jardin, avec le petit saint Jean et cinq anges*, attribué successivement à Filippino Lippi et à Raffaellino del Garbo, et avec celui de la coll. Benson, à Londres (n° 22), *La Vierge et l'Enfant dans un paysage*, autrefois donné à Cosimo Rosselli, que la critique moderne a rendus également à Francesco Botticini. Probablement un peu antérieur en date, bien que se rattachant à la même période avancée de la carrière de cet éclectique, qui sut habilement associer des influences multiples. Celle de Verrocchio,

Pl. I.

1. — Botticini (Francesco).
La Vierge adorant l'Enfant Jésus.

Pl. II.

3. — Mainardi (Bastiano). Portrait de jeune homme.

4. — Mainardi (Bastiano). Portrait de jeune femme.

Pl. IV.

2. — Luini (Bernardino).
La Vierge et l'Enfant avec un ange.

surtout prédominante chez lui, est ici marquée par les anges, issus pour l'attitude et l'arrangement de ceux du célèbre *Baptême du Christ*, à l'Académie de Florence. *L'Adoration de l'Enfant*, de la Galerie d'Este, à Modène, qui correspond à une phase plus ancienne de l'artiste, offre le germe initial de la composition.

Dans la coll. Heugel, à Paris, sous le nom de Filippino Lippi, est une variante simplifiée, de l'atelier de Botticini, *La Vierge et le petit saint Jean adorant l'Enfant* (sans les anges), provenant de la coll. du Cte Bracci, à Florence. Cf. *Sedelmeyer gallery*, 1902, no 59, pl. ; S. Reinach, *Répertoire de peintures*, t. II, 1907, p. 232, repr.

LUINI (Bernardino) ; Luino sur le lac Majeur (?), vers 1475-80 — Milan (?), entre février et juillet 1532. (École lombarde).

Formé sous l'influence de Borgognone et surtout de Léonard ; a travaillé, particulièrement à fresque, depuis 1512 à Milan et dans les environs, ainsi que dans la région des lacs, à Legnano (1523), Côme, Saronno (1525-28, 1531), Lugano (1529-32). Ses fils Evangelista, Aurelio et Giovanni-Pietro ont été également peintres.

2. La Vierge et l'Enfant avec un ange.

Devant un fond de rochers sombres où s'accrochent violettes et fougères, la Vierge, en robe carmin pâle et manteau bleu doublé de jaune éteint, avec voile bleu-gris sur les bandeaux de cheveux brun-roussâtre tombant en mèches frisottées le long des joues, est à demi agenouillée, de trois quarts vers la droite, sur une plate-bande de gazon. Tenant de la droite tendue un livre ouvert à couverture vermillon, elle interrompt sa lecture pour cueillir de la gauche la fleur jaune pâle d'une touffe d'iris, en vue d'amuser l'Enfant, vers lequel elle se retourne et qu'elle contemple, s'avançant nu à gauche d'un pas chancelant, accroché des mains à son manteau et soutenu sous les bras avec un linge blanc par un petit ange nu, aux ailes gris-rosé, aux cheveux blonds dorés. A droite, échappée sur une campagne vallonnée brunâtre, que borne la ligne bleutée des montagnes à l'horizon. (Pl. IV).

Chêne parqueté. — H. 0 m 80 ; L. 0 m 58.

Hist. Originairement commandé pour l'autel de Saint André, fondation de la famille Calvi, à l'église de Menaggio, sur le lac de Côme, et exécuté par Luini vraisemblablement pendant un de ses sèjours dans la région, entre 1520 et 1530, le tableau fut transporté en 1690, avec l'autorisation de Cinzio Calvi, descendant du donateur, sur l'autel du Rosaire, dans la même église. Sous le premier Empire, les habitants de Menaggio l'ont offert, en reconnaissance de services rendus, au Marquis Giuseppe Arconati, qui le plaça au château de Balbianello, près Menaggio, où il resta jusque vers la fin du xixe siècle, étant passé par héritage entre les mains de son fils Gian-Martino, puis de la veuve de ce dernier. Il figura en 1872 (26 août-7 oct.), comme prêt du Mis Giuseppe Arconati, à une Exposition d'art ancien, au Musée Brera, à Milan (n° 76), et en 1881, comme prêt de la M[ise] Arconati Visconti, à la section rétrospective de l'Exposition internationale de Milan, au « Salone dei Giardini Pubblici ». Postérieurement réuni par elle à ses collections de Paris. Une copie sur toile remplace à l'église de Menaggio l'original.

Bibl. J.-J. Marquet de Vasselot, *loc. cit.* (*Les Arts*, juil. 1903, p. 18-19, repr.). — B. Berenson (*North Italian painters of the Renaissance*; New-York and London, Putnam, 1907, in-8°, p. 250) le cite parmi les œuvres de Luini. — L. Beltrami, *Luini* ; Milano, Allegretti, 1911, in-8°, p. 342-345, repr. (renseignements sur l'origine). Cf. également A. Garovaglio, *Brutta storia di un bellissimo quadro di Bernardino Luini una volta in Menaggio*, dans la *Rivista archeologica della provincia di Como*, fasc. 37 ; Como, déc. 1894, in-8°, p. 3-12.

On notera comme particulièrement familier à Luini l'arrangement devant un fond rocheux, garni de plantes ou de fleurs de montagnes. Les exemples en sont très fréquents. Cf. notamment les Vierges de la Chartreuse de Pavie, de la coll. Wallace (n° 8) et de la coll. L. Mond (actuellement National Gallery), à Londres. La fleur pour amuser l'Enfant rentre aussi dans ses accessoires habituels (Vierge de la coll. Wallace, n° 10, et ses répliques, coll. Wellington à Londres, coll. Czernin à Vienne, Ermitage de Petrograd ; *Vierge au rosier* de la Brera à Milan, et autres). Le livre, dont la lecture est interrompue, se retrouve également à l'occasion aux mains de la Vierge ou déposé près d'elle.

MAINARDI (SEBASTIANO DI BARTOLO, dit BASTIANO) ; San Gimignano, (?) — Florence (?), septembre 1513. (École florentine).

Élève et collaborateur de Domenico Ghirlandajo, dont il épousa la sœur ; travailla à partir de 1482, surtout à Florence et à San Gimignano, temporairement à Sienne et à Pise.

3. **Portrait de jeune homme.**

A mi-corps, de trois quarts vers la droite, imberbe, en vêtement noir, avec surcot vermillon sans manches à plis droits sur la poitrine, et calotte ronde vermillon sur les cheveux bruns bouffants cachant les oreilles. Au fond, paysage vert sombre coupé de gazon et de groupes d'arbres, avec clocher et maisons à gauche, au pied d'une colline, et lac lointain, à droite, dominé par des montagnes verdâtres à pic, sous un ciel gris-vert mêlé de nuages. (Pl. II).

Détrempe, dans son cadre florentin original en bois sculpté et doré.

Peuplier. — Dimensions totales (avec cadre) : H. 0 m 53 ; L. 0 m 40. Peinture seule : H. 0 m 450 ; L. 0 m 316.

Hist. Ce tableau et le suivant, provenant de la coll. Carlo Gargielli (d'après une note manuscrite des revers), ont été acquis de Bardini, à Florence, en 1902, sous le nom de Piero della Francesca.

Bibl. J.-J. Marquet de Vasselot, *loc. cit.* (*Les Arts*, juil. 1903, p. 20-22, repr.). — S. Reinach, *Tableaux inédits ou peu connus* ; Paris, 1906, in-fol., p. 35, pl. XXVI et XXVII. — B. Berenson (*The Florentine painters of the Renaissance*, 3e éd. ; New-York and London, 1909, in-8°, p. 156) les cite parmi les œuvres de Mainardi ; non mentionnés dans la 2e éd., 1907.

On connaît deux répliques avec variantes de ces portraits (même figure de femme et modèles masculins différents) : l'une au Musée de Berlin, nos 86 et 83 (cf. H. Posse, *Die Gemäldegalerie des Kaiser-Friedrich-Museums*, t. I ; Berlin, J. Bard, 1909, in-4°, p. 57-58, repr.) ; l'autre dans la collection William Drury Lowe, à

Locko Park, près Derby (Angleterre). Ces derniers, exposés par leur propriétaire en 1857 à Manchester (nos 48 et 49, sous le nom de Masaccio) et en 1893 à la Royal Academy (Exp. des maîtres anciens, nos 159 et 163, sous le nom de Domenico Ghirlandajo), ont été décrits et reproduits sous ce même nom par J. P. Richter, *Catalogue of Pictures at Locko Park*; London, Bemrose, 1902, nos 67 et 60, pl.

4. Portrait de jeune femme; pendant du précédent.

A mi-corps, de profil vers la gauche, en robe lilas décolletée que voile le bas d'une guimpe transparente, avec collier de verroterie blanche et rose, parement de velours noir sur l'épaule et manche orangée. Les cheveux blonds, tombant en courtes mèches ondulées sur le côté, sont lissés en arrière sur le sommet de la tête et retenus au chignon par des rubans blancs. Le profil se détache sur une colonnette de marbre veiné rouge sombre, à l'angle d'une loggia; laissant entrevoir à droite et à gauche un paysage brunâtre, borné par des montagnes verdâtres à pic, sous un ciel bleu mêlé de nuages. (Pl. III).

Détrempe, dans son cadre florentin original en bois sculpté et doré.
Peuplier. — Dimensions totales (avec cadre) : H. 0 m 53; L. 0 m 40. Peinture seule : H. 0 m 450; L. 0 m 316.

Pour l'origine et la bibliographie, cf. le n° précédent.

La jeune femme a été, sans raisons certaines, regardée autrefois comme de la famille Tornabuoni. Elle offre simplement une similitude générale de type, costume et coiffure avec les charmantes Florentines peintes par Domenico Ghirlandajo, soit à Santa Trinità (chapelle Sassetti), soit à Santa Maria Novella (chapelle Tornabuoni), dont l'influence fut dominatrice sur Mainardi, son collaborateur. On notera, comme principale différence, dans les exemplaires du Musée du Berlin et de Locko Park, l'arrangement de la loggia, avec vue plus limitée sur le paysage entre deux colonnettes, à gauche, et avec armoire à rayons superposés, à droite, où sont disposés divers objets.

PREDA (GIOVANNI-AMBROGIO), dit AMBROGIO DE PREDIS. Travaillait à Milan de 1482 à 1506. (École lombarde).

Né vraisemblablement à Milan vers 1450-60. Fils de Lorenzo Preda, d'une famille originaire de la région de Modène ; peut-être parent et élève du miniaturiste Cristoforo de Predis. S'est formé surtout sous l'influence de Léonard de Vinci, avec lequel il collabora vers 1483-94 (commande de la *Vierge aux rochers*. La réplique de Londres, avec les anges musiciens, entièrement de sa main).

5. **Portrait de Bianca-Maria Sforza, seconde femme de l'empereur Maximilien Ier** (1472-1510).

A mi-corps, de profil vers la gauche, la jeune femme porte un corsage vert sombre décolleté en carré, bordé d'un galon ornementé d'or fauve, avec manche jaune clair à crevés attachée par des rubans noirs. Un sautoir de perles tournant autour du cou retombe sur le devant du corsage. Un bijou d'or, peut-être bijou-reliquaire, en forme de losange polylobé à longue croix recroisetée grisâtre, avec trois grosses perles-pendeloques, est suspendu par une chaînette sur la poitrine. Les cheveux bruns, en épais bandeaux frisés des bords, descendent bas sur les côtés du front et sur les joues, cachant complètement les oreilles ; une mèche détachée en retombe le long du visage. Une étoffe brun clair, bordée d'une broderie noire, forme coiffure derrière, et se prolonge en une longue queue blanche serrée par des lacets noirs, pour enfermer les mèches pendantes ; un bijou d'or à large plaque grenat avec perle-pendeloque semble la fixer sur le côté. Une mince ferronnière de verroterie noire traverse le front.

Chairs jaune mat. Fond noirâtre, où se détache en haut, à droite, comme emblème, un rameau de trois feuilles d'oranger. (Pl. V).

Sapin parqueté. — H. 0 m 475 ; L. 0 m 368.

Hist. Ancienne coll. Van den Broeck d'Obrenan. — Acquis en 1897. — Exp. des portraits de femmes et d'enfants, École des beaux-arts, avril-mai 1897, n° 2 (*Ambrogio de Predis.* Coll. de la M^ise Arconati Visconti).

Bibl. *Cat. of pictures by masters of the milanese and allied schools*, Burlington fine arts club, 1898 (Introduction par Herbert Cook, p. XLVIII, note). — F. Malaguzzi, *Ambrogio Preda e un ritratto di Bianca Maria Sforza* (*Rassegna d'arte*, t. II, juin 1902, p. 93, repr.). — L. Beltrami, *Sala delle Asse* ; Milano, 1902, p. 30, repr. — Du même, *Il Ritratto di Beatrice d'Este* ; Milano, 1905, p. 33, repr. (copie de Vienne). — J.-J. Marquet de Vasselot, *loc. cit.* (*Les Arts*, juil. 1903, p. 17-20, repr.). — G. Frizzoni, *Il presunto ritratto di Beatrix d'Este* (*Rassegna d'arte*, t. VI, févr. 1906, p. 18). — S. Reinach, *Tableaux inédits ou peu connus* ; Paris, 1906, in-fol., p. 45-47, pl. XXXVI. — W. von Seidlitz, *Ambrogio Preda und Leonardo da Vinci* (*Jahrb. der Kunsthist. Samml. der allerhöchst. Kaiserh.*, t. XXVI, 1906, p. 11, 16 et 46) ; le plus important travail d'ensemble sur l'artiste, avec abondante bibliographie. La plupart des documents publiés antérieurement dans le travail capital de E. Motta, *Ambrogio Preda e Leonardo da Vinci* (*Archivio storico lombardo*, t. XX, 1893, p. 972 sq.) et dans la *Rassegna d'arte* (années 1901 à 1905). — F. Malaguzzi Valeri, *La Corte di Lodovico il Moro. La vita privata e l'arte* ; Milano, Hoepli, 1913, in-4°, p. 516-520, pl. — Voir également les ouvrages cités dans le commentaire ci-dessous.

Bianca-Maria Sforza, fille et sœur des ducs de Milan Galeazzo-Marin (1444-1476) et Gian-Galeazzo (1469-1494), nièce de Ludovic le More (1451-1508), née le 5 avril 1472, fut mariée par ce dernier, non sans raisons mutuelles d'ambition politique, à Maximilien Ier, empereur d'Allemagne (1459-1519), veuf en premières noces de Marie de Bourgogne depuis 1482. Le mariage, conclu par procuration à Milan le 30 nov. 1493, se fit à Innsbruck le 16 mars 1494. Cf. Felice Calvi, *Bianca Maria Sforza Visconti e gli Ambasciatori di Lodovico il Moro alla Corte Cesarea* (Milano, 1888, in-8°) et Luca Beltrami, *Gli Sponsali di Bianca Maria Sforza* (*Emporium*, févr. 1896).

Ce portrait, d'après l'âge du modèle, a dû être exécuté vers 1492-93, à l'époque des fiançailles. La branche de feuilles d'oranger peinte sur le fond peut en être l'emblème. L'aspect extérieur concorde avec les descriptions, qui la représentent en sa jeunesse comme gracieuse, élancée et fine, plutôt grêle (cf. Lomazzo, *Trattato dell' arte della pittura*; Milano, 1585, in-8°, p. 631-632, et Épithalame de Jason del Mayno dans Freher-Struve, *Rerum Germanicarum Scriptores*; Argentorati, 1717, in-fol., t. II, p. 472); moralement, d'ailleurs, très frivole et devant rester femme-enfant, surtout préoccupée de futilités, de luxe et de toilette. Une copie, vraisemblablement tyrolienne, au Musée impérial de Vienne (n° 70), a été publiée par Th. von Frimmel (*Jahrb. der Kunsthist. Samml. der allerhöchst. Kaiserhauses*, t. XV, 1894, p. 127-129, pl. XVI).

Sont à comparer pour la ressemblance : d'abord, un portrait différent de la jeune princesse, vers la même époque, en costume plus somptueux et plus surchargé de bijoux, attribué à Ambrogio de Predis, dans la coll. Widener à Philadelphie, antérieurement coll. Fr. Lippmann à Berlin (cf. W. Bode, *Jahrb. der Kgl. preuss. Kunstsamml.*, t. X, 1889, p. 71-79, pl.); puis des dessins — l'un fréquemment cité et reproduit, à l'Académie de Venise, où sont esquissés côte à côte les profils de Maximilien et de Bianca-Maria, attribué par Morelli (*Die Galerien Borghese und Doria Panfili in Rom*; Leipzig, 1890, p. 240, pl.) à Ambrogio de Predis et par Robert von Schneider (*Jahrb. der Kunsthist. Samml. der allerhöchst. Kaiserh.*, t. XIV, 1893, p. 187-195, pl. XIII) au médailleur et orfèvre mantouan Gian-Marco Cavalli; l'autre sous le nom d'Amberger, au Cabinet des estampes de Berlin, reproduisant dans de plus grandes proportions l'impératrice seule (Bode, *loc. cit.*, p. 74, repr.) — qui semblent se rapporter à un portrait perdu, de type voisin de celui de la coll. Arconati Visconti, avec même collier de perles et même bijou sur la poitrine, mais toque et arrangement de coiffure différent, sans la natte tombante, exécuté probablement quelques années après le mariage. On ne peut identifier que conjecturalement avec telle ou telle de ces peintures le portrait de dispositif analogue, en buste et de profil, par un peintre milanais non désigné, que Marcantonio Michiel, l'anonyme de Morelli, signale en 1525 dans la maison de Taddeo Contarino, à Venise (*Notizia d'opere del disegno*, dans les *Quellenschriften für Kunstgeschichte*, Neue Folge, t. I, 1888, p. 88). Bianca-Maria apparaît plus tard, vers la trentaine, déjà empâtée par l'âge, dans le portrait de Bernard Strigel, de la coll. O. von Spitzel, à Munich (*Klassischer Bilderschatz*; t. X, n° 1413 ; S. Reinach, *Répertoire de peintures*, t. II, p. 764), et c'est au même type que se rattache sa statue posthume en bronze, projetée par Gilg Sesselschreiber et fondue en 1525 par Stefan Godl, pour le tombeau de Maximilien, à la Hofkirche d'Innsbruck (*Jahrb. der Kunsthist. Samml. der allerhöchst. Kaiserh.*, t. XI, 1890, p. 169 et 184, pl. XXXI). Elle était morte à Innsbruck, âgée de 38 ans, le 31 décembre 1510.

Le tableau de la collection Arconati Visconti — bien qu'attribué par Berenson (*North Italian painters of the Renaissance*, 1907, in-8°, p. 198) à Bernardino de' Conti, émule et peut-être élève d'Ambrogio de Predis — nous paraît devoir être maintenu à ce dernier, pour des raisons de style et de vraisemblance historique. Ambrogio de Predis, peintre attitré de la cour de Milan depuis 1482, est étroitement lié aux préliminaires du mariage. C'est à lui que s'adressa, à ses deux voyages successifs, le messager secret de Maximilien, pour obtenir, d'abord un portrait dessiné, puis un portrait peint de la princesse. Il accompagna, de plus, la jeune fiancée en Allemagne, comme « son peintre » (*el nostro pinctore*), et séjourna avec elle plusieurs mois à Innsbruck, où il semble être retourné au moins une ou deux fois par la suite, à l'occasion de commandes de Maximilien (1494, coins de la monnaie impériale ; 1498-1501, tentures brodées d'or et d'argent ; 1502, portrait signé et daté de Maximilien au Musée de Vienne ; 1506, costume des hallebardiers de l'empereur).

Le costume, la coiffure, les bijoux sont conformes, dans leurs moindres particularités, à la mode milanaise de la fin du XVe siècle, à la cour des Sforza, dont témoignent de nombreux monuments. Cf. notamment les portraits de Béatrix d'Este, femme de Ludovic le More (buste en marbre par Gian-Cristoforo Romano, au Musée du Louvre ; tableau de San Ambrogio ad Nemus, dit *pala Sforzesca*, à la Brera de Milan ; statue tombale par Cristoforo Solari, à la Chartreuse de Pavie ; etc.).

5. — Preda ou de Predis (Ambrogio).
Bianca-Maria Sforza.

Pl. VI.

8. — École de Vérone, xve siècle.
Triomphe de Vénus.

10. — Claess ou Claessens (J.), *dit* Jacob Van Utrecht.
La Jeune femme à l'œillet.

Pl. VIII.

11. — Zeitblom (Bartholomæus).
L'Annonciation ; sainte Anne et saint Antoine.

ÉCOLE FLORENTINE. Milieu du XVe siècle.

6. L'Annonciation.

La Vierge, en robe rouge carmin et manteau sombre d'aspect noir, est assise, de trois quarts vers la gauche, sur un banc de bois jaune clair, les mains entrecroisées sur la poitrine, livre ouvert sur les genoux. La tête inclinée, elle écoute la parole de l'ange aux ailes diaprées, en tunique rose, qui vole vers elle, branche de lys en main gauche, bénissant de la droite. La chambre est figurée comme un édicule ouvert, avec lit tendu d'étoffe vermillon au fond, que précède un coffre de bois jaune clair. Fond d'or sur les côtés du bâtiment. En haut, à gauche, apparaît Dieu bénissant sous la forme du Christ (figure en partie détruite), d'où partent des rayons d'or avec la colombe descendant sur la Vierge. Nimbes d'or gravés intérieurement de rayons.

Peint dans la partie centrale en contre-bas d'un large cadre circulaire en bois gaufré et doré, ornementé au pourtour d'une suite d'étoiles dans des cercles de pointillés, que coupe aux quatre centres une croix dans un losange. Cet ensemble, d'art plutôt industriel, doit avoir formé à l'origine couvercle de boîte.

Détrempe. Peuplier. — Diam. total : 0^{m} 335. Peinture seule : 0^{m} 175.

Hist. Vente E. Bonnaffé, 3-6 mai 1897, n° 125.

L'œuvre témoigne d'un style archaïque et retardataire, prolongeant à une date sans doute déjà avancée du XVe siècle les formules du XIVe.

ÉCOLE FLORENTINE. Deuxième moitié du XVe siècle.

7. La Vierge adorant l'Enfant Jésus.

Vêtue d'une robe carmin clair à plis droits, avec bijou d'or en forme de tête de chérubin sur la poitrine, et d'un manteau bleu éteint à bordure ornementée d'or imitant les caractères orientaux, la Vierge, aux cheveux blond pâle ondulés sur les tempes, serrés au chignon par des liens d'or et une gaze légère qui retombe avec les mèches pendantes sur la nuque et ornés sur le devant d'un lacet d'or décoré d'un rubis, est agenouillée, de trois quarts vers la gauche, mains jointes, sur le gazon semé de fleurettes blanches. Elle adore l'Enfant nu, assis devant elle sur une botte grise d'herbe sèche et sur un pan traînant de son manteau. A gauche, au second plan, l'âne et le bœuf mangent au râtelier, derrière un treillis de bois. Nimbes vaporeux à picotis d'or (celui de l'Enfant marqué du signe cruciforme). La scène se passe dans les ruines d'un bâtiment à assises de pierres grises, laissant apercevoir par deux ouvertures cintrées un fond de paysage montagneux gris-verdâtre, sans aucune végétation, sous le ciel gris.

Cintré du haut.
Détrempe. Peuplier parqueté. — H. 0m 97; L. 0m 51.

Hist. Collection du cardinal Despuig (ne figure pas à la Vente du 11 juillet 1900). — Vente de tableaux anciens et modernes, provenant de la collection d'un amateur [Ctesse de Béarn], 5 mars 1903, n° 64, repr. (*École d'André Verrochio*).

D'un maître éclectique sous la double influence de Fra Filippo Lippi et de Verrocchio, se rapprochant du premier par le sentiment général et l'allongement du visage de la Vierge, mais avec quelques détails empruntés aux formules du second. Le bijou en forme de tête de chérubin, notamment, est une particularité familière à l'atelier de Verrocchio, qu'on retrouve dans les célèbres Vierges en marbre du Bargello, à Florence, et de la collection Quincy Shaw, à Boston. Selon E. Kühnel (*Francesco Botticini*; Strasbourg, Heitz, 1906, in-4°, p. 20), un tableau similaire serait dans la coll. Gaston von Mallmann, à Blaschkow, Post Neubidschow (Bohême).

ÉCOLE DE VÉRONE. Première moitié du xve siècle.

8. Triomphe de Vénus.

En haut, sur un fond noir uni de ciel, Vénus apparaît nue, couronnée d'or, avec de grandes ailes vert sombre, dans une gloire elliptique jaune clair, d'où partent des rayons d'or. A droite et à gauche, volent, tournés vers elle, deux démons ailés à pattes griffues, de couleur feu comme les chérubins, tenant un arc et des flèches d'or. En bas, dans une prairie semée de bouquets d'herbes et de fleurs où se dressent des orangers, sont agenouillés en demi-cercle, trois par trois les uns en face des autres, les grands amoureux de l'histoire légendaire, vénérant la déesse et placés sous la protection de ses rayons. Ils portent armure dorée de chevaliers, avec cottes d'étoffe alternativement roses, bleues, vermillon ou jaunes, où leurs noms sont inscrits en capitales gothiques d'or, parfois à demi effacées, dans l'ordre suivant de gauche à droite : Achille (*Achil*), Tristan, Lancelot (*Lancielot*), Samson (*Sanson*), Pâris (*Pa...*) et Troïle (*Troiol*). Sauf Achille et Samson, qui sont casqués et portent barbe entière, tous sont imberbes et d'aspect juvénil : Tristan coiffé d'un chapeau vermillon à grand bord jaune clair et Troïle d'un casque à ailerons; Lancelot et Pâris en cottes vermillon, nu-tête, à cheveux blonds. (Pl. VI).

Plateau d'accouchée de forme dodécagonale, à bord mouluré, gaufré et doré.

Détrempe. Peuplier. — Dimensions totales (avec cadre) : H. 0m535; L. 0m530. Peinture seule : H. 0m490; L. 0m485.

Hist. Ancienne coll. Julien Gréau. — Acquis en 1897 de ses héritiers.
Bibl. J.-J. Marquet de Vasselot, *loc. cit.* (*Les Arts*, juil. 1903, p. 22-24). — S. Reinach, *Tableaux inédits ou peu connus*; Paris, 1906, in-fol., p. 37-38, pl. XXX.

Les *deschi da parto* ou plateaux d'accouchées, qui servaient originairement en Italie à apporter aux jeunes femmes les cadeaux de relevailles, habilement décorés et devenus des œuvres d'art, leur furent offerts en souvenir. Celui-ci n'a pas été signalé ni connu par Eug. Müntz, dans son étude sur cette classe d'objets semi-industriels (*Monuments Piot*, t. I, 1894, p. 203 sq.). Cf. également André Pératé, *Cat. raisonné de la coll. Martin Le Roy*, Peintures (École italienne), t. V, p. 15 sq.; Paris, 1909, in-fol. On notera comme très rare, sinon même unique, la représentation particulière ici figurée du Triomphe de l'amour. Bien que de localisation incertaine, l'œuvre, qui se ressent de l'influence de Gentile da Fabriano et de Pisanello, paraît pouvoir être conjecturalement rattachée au nord de l'Italie, dans la région de Vérone.

ESPAGNE

ÉCOLE ESPAGNOLE. Fin du XVIe siècle.

9. Dame en prière.

A mi-corps, de trois quarts vers la gauche, en robe noire richement brodée d'or, à manches collantes, avec bourrelets sur les épaules et haut col étroit. Le visage mince, aux yeux et cheveux brun sombre, est encadré par une fraise tuyautée; les mains très allongées unies par les pointes, avec rubis au petit doigt de la droite, sortent de manches tuyautées semblables. Elle porte un escoffion en forme de résille, à treillis d'or mêlé de rouge, et des boucles d'oreilles d'or pendantes. Une parure de plaques d'or, avec rubis et pierres sombres en alternance, garnit le haut du corsage et le bas des manches: Fond vert uni.

Chêne. — H. 0^m 310; L. 0^m 215.

Hist. Acquis en 1897 de Stéphan Bourgeois (de Cologne). — Exp. des portraits de femmes et d'enfants, École des beaux-arts, avril-mai 1897, n° 34 (*École de Clouet.* Coll. de la M^ise Arconati Visconti). — Exp. des portraits peints et dessinés à la Bibl. nationale, avril-juin 1907, n° 392 (*École française du XVIe siècle.* Id.).

Cette œuvre, attribuée jusqu'ici à l'école française, paraît devoir être rattachée plutôt, d'après la facture et le style, à un imitateur de Coello.

ÉCOLES DU NORD

HOLLANDE

CLAESS ou **CLAESSENS** (JACOBUS), dit JACOB VAN UTRECHT. Travaillait en Hollande, vraisemblablement à Utrecht, entre 1522 et 1528.

Portraitiste né probablement à Utrecht. Peut-être à identifier avec le Jacob van Utrecht admis en 1506 comme maître dans la gilde de Saint-Luc à Anvers et qui y résida jusqu'en 1512.

10. La Jeune femme à l'œillet.

A mi-jambes, de trois quarts vers la gauche, assise sur un coussin en velours ciselé havane doublé de rouge carmin devant une table de bois jaune clair où sont posées de fleurs (œillet, pensées et lavande), elle porte une robe mi-partie verte et blanche à liseré carmin, décolletée en carré, avec ceinture d'orfèvrerie et pèlerine de soie rose brochée. Une chaîne d'anneaux d'or passant sur les épaules vient se fixer en haut du corsage de dessous carmin ; une croix de pierreries et de perles pend au cou. La tête est couverte d'une riche coiffe de soie jaune brodée de perles, à doublure rose, dégageant sur les oreilles des nattes de cheveux blond pâle. Les mains entrecroisées, elle tient un œillet rose entre l'index et le doigt du milieu de la droite. Fond vert sombre, bordé d'une large bande noire. — En haut, à droite, sur le fond, écu parti : à dextre, d'argent à un cep de vigne de sable ou de sinople (?), fruité d'une grappe d'azur ; à senestre, de sable à un demi-vol d'argent. Timbré d'un heaume de face, avec ses lambrequins d'argent et d'or, cimé d'un vol d'argent. (Pl. VII).

Signé vers le bas, à droite, sur le fond, en capitales blanchâtres : IACOBV^S CLAESS3 TRAIECTENSIS F

Chêne. — H. 0m 390 ; L. 0m 277.
Cadre d'écaille.

Hist. Porte au revers un cachet de cire rouge, avec écu illisible surmonté d'une couronne de comte. — Vente feu Benjamin Fillon, 20-24 mars 1882, n° 555 (*École allemande, XVIe siècle*). — Vente Spitzer, 17 avril-16 juin 1893, t. II, n° 3319 (*Travail flamand, commencement du XVIe siècle*). Cf. *La Collection Spitzer* ; Paris, Quantin, 1892, in-fol., t. V, Tableaux, n° 16 (même mention). — Acquis de Mannheim après la vente.

Bien que les armoiries n'aient pu être sûrement identifiées, notons le rapport qu'offre le blason de dextre avec les armes de la famille hollandaise de Erlewyn : « d'argent à un cep de vigne de sinople, fruité de deux grappes de raisin d'azur » (cf. J.-B. Rietstap, *Armorial général*, 2e éd. ; Gouda, in-8°, t. II,

p. 622). Il pourrait se faire que la jeune femme ait épousé un membre de cette famille, en admettant une légère inexactitude dans la transcription du blason. — Une réplique moins bonne, avec différences minimes (même signature probablement mal lue : *CLAISS* au lieu de *CLAESS*), a figuré à la Vente du consul Weber ; Berlin, 20-22 février 1912, n° 83, pl. 33.

De ce maître rare, on ne connaît jusqu'ici — en dehors de la réplique ou copie de l'ancienne coll. Weber — qu'une demi-douzaine d'autres tableaux. Ce sont exclusivement des portraits d'hommes : l'un au Musée de Stockholm, n° 275, signé également *Jacob. Claess* (ou *Claessens*) *Trajectensis F.* ; deux à Berlin, au Musée de peinture, n° 623A, et dans la coll. du Dr Freund (autrefois coll. du baron Minutoli, château de Fridersdorf, Silésie), signés *Jacobus Trajectensis*, datés 1523 et 1524 ; trois, enfin, datés 1522 et 1528, à Herdringen, en Westphalie, dans le château du Cte Fürstenberg, dont la collection patrimoniale est d'origine hollandaise (cf. Max-J. Friedlaender, *Oud Holland*, t. XXIII, 1905, p. 63-68). Ces derniers sont signalés et reproduits par A. Ludorff, *Die Bau- und Kunstdenkmäler von Westfalen, Kreis Arnsberg* ; Münster, Schöningh, 1906, in-4°, p. 90, pl. 42. G. Göthe, dans le Cat. du Musée de Stockholm, Écoles étrangères, 3e éd., 1910, p. 352, mentionne (d'après Madsen, *Studier fra Sverig*) une peinture du même artiste à la vente Thott, à Copenhague, en 1787.

ALLEMAGNE

ZEITBLOM (Bartholomæus ou Bartholme) ; (?), vers 1450-55 — (?), après 1517.

Peut-être élève de Hans Multscher ; gendre de Hans Schüchlin (1483) ; inscrit depuis 1484 comme bourgeois d'Ulm. A travaillé à Ulm et dans les environs, et fut un des principaux maîtres de l'école souabe dans cette région, entre la fin du xve et le début du xvie siècle.

11. **L'Annonciation ; sainte Anne et saint Antoine.** Triptyque.

Le centre est divisé en deux compartiments formant une même scène. A gauche, la Vierge, en robe vert sombre et long manteau bleu, cheveux blonds pendant sur les épaules, nimbée d'or uni, est agenouillée, de trois quarts vers la gauche, sur un coussin grenat, devant un prie-Dieu. Tenant les feuillets de son livre d'heures, elle se retourne à demi vers l'ange aux cheveux blonds bouclés, aux ailes diaprées, en robe blanche et dalmatique de velours cramoisi bordé d'or, qui plie le genou devant elle, bénissant de la droite et tenant de la gauche un long sceptre d'or, autour duquel tournent sur une banderole les paroles de salutation : *Ave gracia plena dominus*, en capitales gothiques noires. Au fond, un banc de bois sous lequel sont posées les socques de la Vierge, devant le mur à assises de pierres brunâtres, d'où pendent à gauche une longue serviette blanche à raies bleu sombre (fabrication de Pérouse), et à droite un petit balais. Au centre, par une ouverture donnant sur la campagne, passent un faisceau de rayons jaunes et la colombe descendant sur la Vierge. Derrière l'ange, à droite, est la porte à chambranle clair et vantail de bois brun. Pavement de dalles carrées blanches et brun-jaunâtre, qui se prolonge sur les deux volets mobiles.

Les volets ont un fond d'or gravé, figurant une étoffe gothique à frange alternativement rouge et verte. A gauche, sainte Anne, de face, en robe carmin et manteau vermillon sombre, avec voile et mentonnière blanche, tient du bras droit, sur un linge, l'Enfant nu, et du gauche la Vierge adolescente, en robe vert sombre, qui l'adore mains jointes. A droite, saint Antoine, à longue barbe grise, en robe carmin clair, manteau gris-bleu pâle et bonnet violet, de trois quarts vers la gauche, s'appuie de la droite sur une canne à bec de corbin et tient de la gauche un livre ouvert à couverture vert sombre. Près de lui, le cochon, son compagnon habituel. Nimbes d'or uni cernés de noir. (Pl. VIII).

Chêne, dans un cadre en bois à moulures gothiques. — Dimensions totales : H. 0m 625 ; L. de développement 0m 885. Chaque panneau peint : H. 0m 575 ; L. 0m 195.

Hist. Vente E. Bonnaffé, 3-6 mai 1897, n° 116.
Bibl. J.-J. Marquet de Vasselot, *loc. cit.* (*Les Arts*, juil. 1903, p. 21, repr. ; août 1903, p. 14).

Probablement de la période moyenne du maître (vers 1490-1500). A comparer aux autres Annonciations de sa main, au Musée de Sigmaringen (n° 136) et à celui de Stuttgart (autel d'Eschach, n° 61, vers 1496 ; autel d'Heerberg, n° 69, 1497-98).

ÉCOLE FRANÇAISE

ÉCOLE FRANÇAISE. Fin du XVIe siècle.

12. **Portrait de Louis de Saint-Gelais**, dit de Lezignem, baron de La Mothe-Saint-Héraye, seigneur de Lansac et de Précy-sur-Oise, chevalier de l'ordre du roi, conseiller d'État et surintendant de la maison de Catherine de Médicis ; en 1554, ambassadeur à Rome ; de 1568 à 1570, capitaine de la 2e Compagnie des Cent gentilshommes de la maison du roi (1513-1589).

A mi-corps, de trois quarts vers la droite, dans la maturité de la quarantaine, les yeux bleus regardant le spectateur, la barbe d'un châtain roussâtre, en pourpoint noir à bandes verticales de dessin verdâtre, fermé par des boutons dorés, avec fraise tuyautée, collier d'or de Saint-Michel sur la poitrine et toque noire. Fond gris uni. — On lit en haut, à gauche, sur le fond : ÆT. 48 ; en bas, sur une bande réservée au-dessous du buste : .LOVIS. DE. S^{T} GELAIS. S^{R} DE. LANSAC. (en capitales jaune clair).

Chêne. — H. 0^{m} 173 ; L. 0^{m} 133.
Cadre d'ébène, à moulures relevées d'un filet d'or.

Hist. Acquis de Durlacher. — **Exp.** des portraits peints et dessinés à la Bibl. nationale, avril-juin 1907, n° 390 (*École de François Clouet*. Coll. de la M^{ise} Arconati Visconti).
Bibl. J.-J. Marquet de Vasselot, *loc. cit.* (*Les Arts*, juil. 1903, p. 30-32, repr.).

Réplique réduite d'un portrait du même personnage conservé au Musée du Louvre, n° 34 (H. 0^{m} 32 ; L. 0^{m} 23), qui est daté en haut, à droite, 156... ; les deux derniers chiffres peu lisibles, probablement 1561. Cette date doit être considérée comme la date d'exécution du crayon ayant servi de modèle au portrait peint.

13. **Portrait de Nicolas de Neuville, seigneur de Villeroy,** secrétaire d'État sous Charles IX, Henri III, Henri IV et Louis XIII (1543-1617).

A mi-corps, de trois quarts vers la droite, âgé d'une trentaine d'années, les yeux gris-bleu regardant le spectateur, la barbe brune taillée court sur les joues, en pourpoint noir rayé de bandes diagonales de velours ou de satin, avec fraise tuyautée et toque noire. Fond uni brun clair. — On lit en haut, sur le fond : à gauche M· DE., à droite VILLEROY. et en bas, sur une bande réservée au-dessous du buste : NIC·DE·NEVVILLE·S·DE·VILLEROY·SEC·DES·[TAT] (en capitales rougeâtres).

Chêne. — H. 0m 173 ; L. 0m 133.
Cadre d'ébène, à moulures relevées d'un filet d'or.

Hist. Acquis de Durlacher. — Exp. des portraits peints et dessinés à la Bibl. nationale, avril-juin 1907, n° 389 (*École de François Clouet*. Coll. de la M^ise Arconati Visconti).
Bibl. J.-J. Marquet de Vasselot, *loc. cit.* (*Les Arts*, juil. 1903, p. 30-32, repr.).

Réplique réduite d'un portrait du même personnage conservé au Musée du Louvre, n° 1025 (H. 0m 32 ; L. 0m 23), qui doit avoir pour origine un crayon exécuté vers 1570, peu d'années après sa nomination comme secrétaire d'État. Gendre de Claude de l'Aubespine, secrétaire d'État, il avait eu la survivance de la charge de son beau-père en 1567. — Cf. à l'église de Magny-en-Vexin (Seine-et-Oise) sa statue tombale en marbre, le représentant vers la fin de sa vie, agenouillé à côté de sa femme Madeleine de l'Aubespine et de son père Nicolas de Neuville, IIIe du nom, seigneur de Villeroy (ce dernier attribué à Michel Bourdin, les autres à François Anguier).

14. Portrait de Charles IX, roi de France (1550-1574).

A mi-corps, de trois quarts vers la gauche, les yeux bruns regardant le spectateur, portant barbe blonde entière à moustache tombante, avec fraise à larges godrons, il est vêtu d'un pourpoint noir à gros boutons d'or, sur lequel retombe un collier de perles, et d'une cape noire à revers de soie grise. Toque noire à plume blanche, ornée d'une riche bande de pierreries et de perles. Fond vert uni. — Au coin droit supérieur, on lit : ·74 (en jaune clair).

Chêne parqueté. — H. 0m 312 ; L. 0m 236.
Cadre en bois sculpté du XVIe siècle, à colonnes et entablement, avec ornementation dorée (restauré).

Hist. Semble avoir fait partie de la coll. Gavet et d'une coll. anglaise, comme portrait de « Henri III of France » (d'après une note manuscrite du revers). — Acquis en 1896 du sculpteur Prosper d'Épinay. — Exp. des portraits peints et dessinés à la Bibl. nationale, avril-juin 1907, n° 391 (*École française du XVIe siècle*. Coll. de la M[ise] Arconati Visconti).

Bibl. J.-J. Marquet de Vasselot, *loc. cit.* (*Les Arts*, juil. 1903, p. 31-32, repr.).

Cette peinture, portant la date de la mort du roi (1574), paraît avoir été exécutée postérieurement à cette date, vraisemblablement d'après un crayon. Elle est de type différent, quoique voisin, du Portrait de Charles IX vers la fin de sa vie, de la donation Sauvageot, au Musée du Louvre (n° 132), dont le modèle dessiné par François Clouet se trouve au Cabinet des estampes de la Bibliothèque nationale.

DESSINS

ÉCOLE ITALIENNE

ÉCOLE ITALIENNE. Début du XVIIe siècle.

15. **Portrait de femme**, étude.

A mi-corps, de trois quarts vers la gauche, le visage jeune de face se détachant sur une large fraise tuyautée, avec aigrette de plume et de fleurs dans les cheveux crêpelés. La tête seule étudiée ; le vêtement à l'état d'esquisse.

Crayon noir. — H. 0 m 215 ; L. 0 m 155.

Se rapproche de la manière d'Ottavio Leoni (Rome, vers 1578-1630).

ÉCOLE FRANÇAISE

LAGNEAU ou **LANNEAU** ; dessinateur au crayon et au pastel. Travaillait au commencement du XVIIe siècle.

16. **Jean-Pierre Acarie**, conseiller-maître de la Chambre

des Comptes de Paris, membre du Conseil des Seize pendant la Ligue, mort à Ivry en 1613.

A mi-corps, de trois quarts vers la gauche, le visage plissé de rides, le regard de face sous les sourcils gris embroussaillés ; calotte noire collante derrière le haut front dégarni, et longue barbe grise tombant sur le col raide de linge et les revers fourrés de la houppelande. Très coloré d'effet. (Pl. IX).

Crayon noir et sanguine. — H. 0 m 365 ; L. 0 m 266.
Cadre Louis XIII en bois sculpté et doré.

Hist. Exp. des portraits nationaux au palais du Trocadéro, en 1878, n° 184, à M. Benjamin Fillon (Cat. par Henry Jouin). — Vente feu Benjamin Fillon, 20-24 mars 1882, n° 588, repr. — Vente A. Marmontel, 28-29 mars 1898, n° 36, pl. — Exp. des portraits peints et dessinés à la Bibl. nationale, avril-juin 1907, n° 393 (Coll. de la Mise Arconati Visconti).

Une copie ancienne de ce dessin, avec l'inscription : *Acharie* (sic), *le laquais de la Ligue* (surnom que lui donnèrent ses ennemis), a fait partie de la coll. J. Niel. Elle ne figure pas à la Vente du 18-19 mars 1873.

LA TOUR (Maurice-Quentin de) ; Saint-Quentin, 5 septembre 1704 — 17 février 1788.

Peintre de portraits au pastel ; d'une famille originaire de Laon. Élève de Spoëde, après un court séjour à Londres, s'établit à Paris. Agréé à l'Acad. royale de peinture et de sculpture le 25 mai 1737 ; académicien le 24 sept. 1746 ; conseiller en 1751. Expose aux Salons de 1737 à 1773. A fondé dans sa ville natale en 1782, entre autres libéralités, une école gratuite de dessin qui porte son nom et où se conserve une réunion de ses œuvres (Musée de l'Hôtel Lécuyer). Meurt à Saint-Quentin, où il était revenu en 1784.

17. **Portrait de Nicole Ricard enfant** (depuis **Mme Goujon**, mère du conventionnel).

A mi-corps, de trois quarts vers la droite, assise dans un

Pl. IX.

16. — Lagneau ou Lannlau.
Jean-Pierre Acarie.

Pl. X.

17. — La Tour (Maurice-Quentin de).
Nicole Ricard enfant.

20. — Desiderio da Settignano.
Le Christ et saint Jean-Baptiste enfants.

Pl. XII.

21. — Donatello (École de)
La Vierge et l'Enfant entourés de chérubins.

fauteuil de bois brun clair au dossier à claire-voie, le visage de face, les joues potelées et roses, mi-souriante, elle porte un bonnet de dentelle blanche mêlé de bleu sur les cheveux poudrés et un mantelet de soie blanche à capuchon, d'où sortent les manches bouffantes de la robe, garnies de dentelle blanche et de petits nœuds bleus. Les mains sont cachées dans un étroit manchon de velours bleu, orné de deux bandes de fourrure blanche. Fond gris clair. (Pl. X).

Pastel. — H. 0 m 44 ; L. 0 m 34.

Hist. Nicole Ricard, née le 1er janvier 1745, paraît avoir été portraiturée vers 1750, à l'âge de cinq ans environ. Son père, secrétaire de l'intendance de Bourgogne, aurait rendu des services à La Tour, qui en reconnaissance fit ce portrait (d'après une tradition de famille).

Acquis de la famille Goujon en 1898. — Exp. des Cent pastels, galeries G. Petit, mai 1908, n° 28 (Coll. de la Mise Arconati Visconti).

Bibl. J.-J. Marquet de Vasselot, *loc. cit.* (*Les Arts*, juil. 1903, p. 32, repr.; août 1903, p. 2).

ÉCOLE FRANÇAISE, vers 1510.

18. Adoration des mages.

La Vierge, en robe gris-bleuâtre et manteau bleu à lumières d'or formant voile sur la tête, est assise à gauche, de trois quarts vers la droite, devant un bâtiment en ruines, soutenant à deux mains l'Enfant nu, assis sur ses genoux, qui, de la main gauche tendue, semble accueillir les mages. Nimbe d'or plein derrière la tête de la Vierge et transparent derrière celle de l'Enfant. A gauche de la Vierge, les têtes du bœuf et de l'âne sous un auvent. Derrière elle, au second plan, debout à l'entrée surélevée du bâtiment, saint Joseph âgé, nu-tête, en robe rose et manteau gris-bleuâtre à capuchon rabattu, appuyé de la main gauche sur une canne dorée à bec de corbin, tient de la droite le vase d'or offert par le vieux mage. Ce dernier, en robe d'or à amples manches, serrée à la taille par une ceinture, cheveux et barbe blanc-bleuté, est agenouillé, mains jointes, devant la Vierge. Debout derrière lui, le second roi, imberbe, au visage trivial, aux cheveux bruns, en chausses bleues, bottes et manteau roses, sa couronne d'or entre les mains. En arrière-plan, le long du bâtiment, précédant le reste du cortège, arrive le troisième, jeune cavalier en robe gris-bleuté et chapeau rose que cerne la couronne, monté sur un cheval blanc harnaché de bleu. La vue s'étend au loin, à droite, sur la campagne bleuâtre.

Gravure sur bois enluminée, encadrée d'un filet d'or.
Vélin. — Dimensions totales : H. 0 m 208 ; L. 0 m 130. Le sujet seul (liseré d'or inclus) : H. 0 m 200 ; L. 0 m 125.

En bas de la page rognée, on ne distingue plus que le haut des lettres gothiques imprimées, formant repère et signature des feuillets (*R* et *Ei*). Au verso, texte imprimé en caractères gothiques de 30 lignes, commençant par : « Deus in adiutorium meum intende. | Domine ad adiuvandum me festi | na... », et finissant par : «... Anima nostra si | cut passer erepta est : de laqueo venantium ». Ce texte est encadré de bandes de gravures sur bois, avec ornements et figures. — Dimensions (encadrement inclus) : H. 0 m 195 ; L. 0 m 112. Texte seul : H. 0 m 140 ; L. 0 m 075.

Provient vraisemblablement d'un exemplaire in-4° d'*Heures à l'usage de Rome*, imprimé à Paris chez Gilles ou Gillet Hardouin, vers 1510, comme illustration du début de Sexte dans les Heures de la Vierge. Bien que nous n'ayons pas retrouvé l'exemplaire même ou une édition absolument identique, nous avons constaté la répétition constante de cette image et de la suivante dans les diverses éditions in-4° des Heures de Gilles Hardouin, de 1509 à 1515 environ, conservées dans les Bibliothèques parisiennes, notamment à la Bibl. nationale (Vélins 1511, 1518 et 1573, avec fig. en couleurs; Vélins 1572 et B. 2952, avec fig. en noir).

D'autres exemplaires sont au Musée de Cluny (n° 1850), à la Bibl. de l'École des Beaux-Arts ou dans les collections de la Ville de Paris. Cf. Paul Lacombe, *Livres d'Heures imprimés au XVe et au XVIe siècle*; Paris, imp. nationale, 1907, in-8°. C'est avec les éditions les plus anciennes que ces feuillets sont en rapport particulièrement étroit : ce qui permet de les présumer d'une date très voisine. Il y a identité absolue, pour la disposition du texte jusque dans ses moindres abréviations, avec l'exemplaire daté du 8 mars 1509 [1510, n. st.] (Vélins 1511), et les ornements ou sujets de bordure se retrouvent le plus fréquemment employés, quoiqu'à d'autres places, soit dans cet exemplaire, soit surtout dans un autre presque contemporain (vers 1510. Vélins 1572). — Sur Gilles ou Gillet Hardouin, « Imprimeur et Libraire de l'Université de Paris », établi vers cette époque : d'abord « sur le pont au Change, à l'enseigne de la Rose, au dessous de la belle ymaige Nostre Dame » ; puis « au bout du pont Nostre Dame, devant sainct Denis de la Chartre, à l'enseigne de la Rose d'or », voir Ph. Renouard, *Imprimeurs parisiens, libraires, fondeurs de caractères*; Paris, Claudin, 1898, in-8°, p. 175. Ce fut, avec son frère (?) Germain, un des plus importants rivaux de Simon Vostre dans la production des Heures, au début du XVIe siècle.

La liberté, dont usèrent souvent les enlumineurs vis-à-vis des gravures sur bois à colorier, se manifeste ici par la suppression de certains détails, qu'on n'entrevoit plus que par transparence sous la gouache. C'est ainsi que le lévrier du premier plan, devant la Vierge, a été recouvert, et qu'à un fond surchargé par les nombreux personnages d'un double cortège des rois mages, avec ville en arrière-plan et étoile rayonnante dans le ciel, a été substitué un calme paysage. L'œuvre, très supérieure de qualité même aux meilleures peintures des exemplaires cités, dénote l'art d'un enlumineur habile, formé dans la tradition continuée de Fouquet.

19. **Bethsabée au bain.**

Bethsabée, en ample robe d'or décolletée en carré, avec manches roses et coiffe gris-bleuté ornementée de bandes et de rondelles d'or, est assise à gauche dans un préau, de trois quarts vers la droite, les jambes nues dans un bassin carré de pierre teintée de mauve, où l'eau jaillit, par un mufle doré de lion, du fût mauve d'une fontaine à plaques de marbre veiné de rose, que surmonte un édicule gothique d'or avec figures de guerriers sculptées dans des niches. A droite, agenouillée vers elle, tenant un linge pour l'essuyer, est sa suivante, en robe bleue bordée d'or au cou et aux manches, avec coiffure d'or compliquée en forme de rouleau, d'où retombe par derrière un voile blanc. Un jeune page, en pourpoint rose et chausses gris-bleuté, approche en faisant un signe d'alerte, tandis qu'au fond, à droite, sous le vaste porche cintré d'un bâtiment gris, au delà duquel on voit des arbres, Salomon, aux cheveux et à la barbe blanche, en robe d'or à collet d'hermine, avec bonnet rose que cerne la couronne, suivi de deux conseillers en robes rose et bleue, franchit la clôture en bois doré du préau. Même clôture, en avant, à gauche, devant Bethsabée. Une galerie couverte à arcatures cintrées forme le fond de gauche, sous le ciel bleu.

Gravure sur bois enluminée, encadrée d'un filet d'or.
Vélin. — Dimensions totales : H. 0 m 208 ; L. 0 m 130. Le sujet seul (liseré d'or inclus) : H. 0 m 200 ; L. 0 m 125.

En bas de la page rognée, on ne distingue plus que le haut des lettres gothiques imprimées, formant repère et signature des feuillets : (*R* et *Gi*). Au verso, texte imprimé en caractères gothiques de 30 lignes, commençant par : « Domine ne in furore tuo arguas me : | ne[que] in ira corripias me... » et finissant par : «... spi | nā. Delictū meū cognitū tibi feci : et in iusticiā ». Des bandes de gravures sur bois analogues, bien que de motifs pour la plupart différents, encadrent également le texte. — Mêmes dimensions qu'au feuillet précédent.

Provenant du même livre d'heures, comme illustration du

début des Psaumes de la pénitence. L'enluminure est de la même main et exécutée avec la même liberté, qui tend à modifier, en les simplifiant et les améliorant, les indications de la gravure sur bois. C'est ainsi qu'à un fond bouché par des bâtiments et des toits a été adroitement substitué un horizon d'arbres et de ciel ; qu'ont été légèrement transformés de décor le fût de la fontaine et son goulot, et qu'ont été supprimés, outre le bâton et le sceptre aux mains du page et du roi, des arbres accolés à Bethsabée et à sa suivante, ainsi que des spectateurs sous la galerie et un troisième personnage inutile dans la suite de Salomon. Le style est identique à celui du feuillet précédent.

DEUXIÈME PARTIE

SCULPTURES

PAR

André MICHEL

CONSERVATEUR DES SCULPTURES
DU MOYEN AGE, DE LA RENAISSANCE ET DES TEMPS MODERNES

I. ART ITALIEN

DESIDERIO DA SETTIGNANO ; Florence, 1428-1464.

20. **Le Christ et saint Jean-Baptiste enfants.**

L'Enfant Jésus, figure de trois-quarts avec le nimbe crucifère, les épaules et la poitrine recouvertes d'une draperie qui laisse libre l'attache du cou nu, pose la main droite sur le cœur du précurseur. Celui-ci, profil à gauche, nimbé, la tunique de peau nouée sur l'épaule gauche, pose la main gauche émergeant à demi du bord du *tondo* sur l'avant-bras du Christ et ramène la droite sur sa poitrine dans un geste d'hommage. Quelques nuages horizontaux strient légèrement le champ du bas-relief. — Inventaire *1626*. (Pl. XI).

Médaillon circulaire. Marbre. — Diamètre 0m 50.

Hist. Ancienne collection Médicis. — Collection du marquis Niccolini.

Bibl. Vasari (éd. Milanesi, 1878), III, p. 110. — Bode, *Mon. de la Sculpture de la Ren. en Toscane*, pl. 291. — E. Molinier, *Les Arts*, mars 1902, p. 1 et 38, reprod. — J.-J. Marquet de Vasselot, *Les Arts*, juillet 1903, p. 20 et 24, reprod. — André Michel, *Hist. de l'Art*, IV, p. 100, fig. 77. — Ad. Venturi, *Storia dell' Arte italiana*, VI, p. 424, fig. 272.

Il paraît légitime de reconnaître ici le chef-d'œuvre signalé par Vasari, dans la « garderobe du duc Cosme »... « particolarmente in un tondo la testa del Nostro Signore Gesù Cristo e di San Giovanni Battista quando era fanciulletto. » La marquise Arconati Visconti l'acheta à Florence, en 1901, du marquis Niccolini.

Le style et l'exécution de ce délicieux morceau, traité dans la manière florentine du *stiacciato* le plus délicat et le plus raffiné, que Desiderio avait appris de son maître Donatello, peuvent être rapprochés de ceux de la Madone provenant de Santa Maria Nuova (aujourd'hui dans la collection Foule) et des Madones, également en marbre, de la Via Cavour à Florence et du Victoria and Albert Museum à Londres.

DONATELLO (École de), 1386-1466.

21. La Vierge et l'Enfant entourés de chérubins.

La Vierge assise, profil à droite, tient sur ses genoux l'Enfant nu. Elle se penche vers lui et lui fait un dossier de la main gauche posée sur son épaule. L'Enfant enlace de la main droite le cou de sa mère et de l'autre main joue avec l'étoffe de son corsage. Trois têtes de chérubins, deux au-dessus de l'épaule de Marie, la troisième dans le créneau formé par les têtes de la mère et de l'Enfant, complètent le groupe et lui donnent une forme rectangulaire. Un angelot debout, à gauche, contre le siège de la Vierge, ramasse sur son épaule, en gerbe de plis, un pan de la robe et du manteau de celle-ci. — Inventaire *1629*. (Pl. XII).

Art italien, milieu du xve siècle.
Marbre. — H. 0m 75 ; L. 0m 46.

Bibl. Bode, *Mon. de la Sculpture de la Ren. en Toscane*, pl. 179. — Marquet de Vasselot, *Les Arts*, juillet 1903, p. 26 et 27.

Ce bas-relief, où Berenson, d'après une note inédite de R. Duseigneur, croyait pouvoir reconnaître une œuvre de la première jeunesse de Desiderio travaillant encore dans l'atelier de Donatello, se rattache plutôt à un ensemble de morceaux, tous exécutés sous l'influence du maître par des élèves ou continuateurs non identifiés et de valeur souvent secondaire. Les analogies entre eux sont plutôt dans la composition ramassée et dense que dans le caractère et le style assez variables des figures. Le bas-relief de la chapelle des Médicis à Santa Croce pourrait être cité comme tête de série ; le bas-relief du Musée Jacquemart-André et celui du Victoria and Albert Museum comme les plus voisins de celui-ci.

ROSSELLINO (École d'Antonio), 1427-1478.

22. **La Vierge et l'Enfant.**

La Vierge, à mi-corps, tournée de trois-quarts, à gauche, porte devant elle, contre son giron, l'Enfant qui bénit. Sur la base où s'appuie la main droite de Marie soutenant les jambes du Bambino, deux anges nus, volant, tiennent une couronne de feuillage au centre de laquelle un médaillon, dont les armoiries sont effacées, est surmonté d'un chapeau de cardinal. Le cadre ancien est aux armes de la famille des Rinuccini. — Inventaire *1638*.

Bas-relief. Marbre. — H. $0^m 61$; L. $0^m 41$.

Hist. Vente Leclanché, 1892, n° 60, reprod.

Bibl. J.-J. Marquet de Vasselot, *Les Arts*, juillet 1903, p. 23 et 26, reprod.

Quoique ce morceau ne puisse être attribué à Antonio Rossellino lui-même, il rappelle assez la manière du maître (la tête de l'Enfant, notamment, qui est à rapprocher du Bambino de la *Madònna del latte* à Santa Croce et de celle du Bargello) pour qu'on le rattache à son école.

23. **La Vierge et l'Enfant.**

Marie est assise ; un grand manteau vert est jeté sur sa robe rouge qu'il recouvre en partie. Elle porte l'Enfant sur le genou gauche, pose une main sur son épaule et de l'autre soutient la main du Bambino qui joue avec un chapelet rouge. — Inventaire *1644*.

Art italien. École florentine, commencement du XVIe siècle.
Haut relief. Terre cuite polychromée.
H. 0m 62 ; L. 0m 48.

Hist. Collection Magherini, Florence.
Bibl. J.-J. Marquet de Vasselot, *Les Arts*, juillet 1903, p. 27.

On pourrait reconnaître dans le type de la Vierge quelque influence de la manière de Matteo Civitali.

RIZZO (Antonio).

Il est nommé dans les comptes : *Magister Rizzo da Verona* et *Antonius Rizzo*. † 1499.

24. Un page.

Il est debout, vêtu de chausses collantes et d'un pourpoint serré à la ceinture, les manches ornées de rubans et d'aiguillettes ; les lettres I. E. y sont brodées ; une tunique de mailles dépasse légèrement le pourpoint. La tête, de face, nue, est encadrée de longs cheveux bouclés. Il pose la main droite sur un bouclier aux armes des Emo ; de la main gauche, le revers appuyé un peu au-dessus de la hanche, il tient les éperons de son maître. — Inventaire *1627*. (Pl. XIV et XV).

Pierre d'Istrie.
H. 1m 28 ; L. 0m 37.

(Voir le suivant.)

25. Un page.

Même costume que le précédent ; la tête nue, coiffée de longs cheveux bouclés sur les côtés et ramenés en mèches plates sur le front, est tournée de trois-quarts vers l'épaule droite. Le bras droit replié devait porter sur l'appui du coude le heaume de son maître. La main gauche est posée sur un bouclier pareil au précédent. — Inventaire *1628*. (Pl. XIV et XV).

Pierre d'Istrie.
H. 1m 24 ; L. 0m 40.

Hist. Collection Sommier. Autrefois dans l'église Santa Maria dei Servi, à Venise.

Bibl. Francesco Sansovino, *Venetia citta nobilissima e singolare, descritta in XIIII libri*... Venezia, 1664, gr. in-4°, p. 160-161. — Pietro Paoletti di Osvaldo, *L'architettura e la scultura del Rinascimento in Venezia*, 1893, gr. in-f°, t. II, p. 141-163, et plus spécialement 149-150. — J.-J. Marquet de Vasselot, *Les Arts*, juillet 1903, p. 24 et 26, reprod. — André Michel, *Histoire de l'Art*, t. IV, p. 190-194. — Sebastiano Rumor, *Giovanni Emo, il suo monumento nella distrutta Chiesa dei Servi* (Arti grafiche Vicentine. Vicenza, 1910, in-8°. — Venturi, *Storia dell' Arte Italiana*, VI, p. 1065, fig. 723-724.

Ces deux charmantes figures se trouvaient à droite et à gauche de la statue de Giovanni Emo sur le tombeau monumental élevé par les fils du condottiere dans l'église Santa Maria dei Servi... « Et vicino alla sagrestia, si vede la statua pedestre di marmo « sopra ricchissimo sepolcro per molto oro, di Giovanni Emo, il « quale dopo molte ambasciarie a primi principi del mondo si mori « (1483) trovandosi al governo della guerra di Ferrara. » (Sansovino, p. 161). L'église dei Servi ayant été démolie dans les premières années du XIXe siècle, les fragments du monument Emo furent dispersés et vendus à différents amateurs. Le comte Girolamo Velo de Vicence acquit le sarcophage et la statue debout qui le surmontait (aujourd'hui au Musée de Vicence). Les deux pages, d'abord placés dans une villa des environs de Venise, devinrent, à une époque indéterminée, la propriété de l'antiquaire Correr qui, après les avoir vainement proposés à l'Académie des Beaux-Arts de Venise, les vendit, en 1873, à un amateur étranger. Nous ne saurions dire si cet amateur fut M. Sommier. C'est en tout cas de celui-ci que Mme la marquise Arconati Visconti les acquit à son tour.

Un dessin de Grevenbroch, antérieur à la dislocation du monument, permet d'en reconstituer l'ensemble. Nous le reproduisons ci-contre. (Pl. XV).

La parenté de ces deux statues avec quelques figures juvéniles de l'Arco Foscari au palais ducal, des tombeaux des doges F. Foscari, Niccolo Tron, Giacomo Marcello aux Frari, d'Agostino Onigo à Trévise et avec le jeune guerrier de la casa Civran, campo del Carmine à Venise, justifierait suffisamment, à défaut de textes, l'attribution à Antonio Rizzo.

26. **Saint Jean-Baptiste.**

Il est debout, le corps portant sur la jambe gauche, le talon droit soulevé dans la position de la marche. La toison qui lui sert de tunique est ouverte sur la poitrine; il porte un ample manteau rejeté sur le bras gauche. Il tient un livre fermé; l'index de la main droite ouverte semble désigner Celui qui va venir, tandis que le *medius* est ramené vers la poitrine dans un geste de pénitence. — Inventaire *1638*. (Pl. XIII).

Art italien. École milanaise, XVe siècle.
Marbre blanc veiné de noir.
H. 1m 27; L. 0m 33.

Hist. Provient d'une église de Milan et de l'ancienne collection des Arconati.

Bibl. J.-J. Marquet de Vasselot, *Les Arts*, juillet 1903, p. 28.

Le style de cette figure et les cassures des draperies sont très caractéristiques de l'atelier des Mantegazza.

27. **Portrait de Galéas-Marie Sforza**, cinquième duc de Milan (1444-1476).

Il est de profil à droite; le visage rasé, les cheveux plats arrondis sur le cou et bas sur le front. Il est vêtu d'un pourpoint que dépasse, à l'encolure, le col d'une cui-

26. — Mantegazza (Atelier des).
Saint Jean-Baptiste.

Pl. XIV.

24-25. -- Rizzo (Antonio).
Deux pages, jadis sur le tombeau de G. Emo.

24-25. — Le Tombeau de Giovanni Emo,
d'après un ancien dessin.

Pl. XVI.

30. — École lombardo-vénitienne, xve s.
Bas-relief aux armes des Visconti.

rasse de dessous. Un collier d'orfèvrerie est passé sur les épaules et la poitrine. Sur le fond, et suivant les bords du *tondo* de chaque côté de la figure, une belle inscription en capitales romaines : G. M. SF. D. M. QUINTUS. (Galeas Maria Sforza dux Mediolanensis quintus.) — Inventaire *1631*.

Art italien. École lombarde, milieu du xve siècle.

Médaillon circulaire. Pierre grise. — Diamètre 0^m 50.

Hist. Vente Leclanché, 1892, n° 67.

Bibl. J.-J. Marquet de Vasselot, *Les Arts*, juillet 1903, p. 22 et 27-28, reprod.

La ressemblance du personnage est conforme au type iconographique consacré. Les plis cassés des manches rappellent, discrètement d'ailleurs, le style en honneur dans l'École milanaise au temps d'Omodeo et des Mantegazza.

28. **Buste d'homme** de profil à gauche (portrait d'un inconnu).

Il est rasé; la chevelure plate, arrondie sur le cou. Il est vêtu d'un pourpoint tout uni et collant. — Inventaire *1630*.

Art italien. École lombarde, fin du xve siècle.

Bas-relief rectangulaire légèrement cintré à la partie supérieure. Marbre.

H. 0^m 46; L. 0^m 24.

Hist. Anciennes collections Mylius (de Gênes) et Boy.

Bibl. J.-J. Marquet de Vasselot, *Les Arts*, juillet 1903, p. 25 et 28, reprod.

D'après une note inédite de R. Duseigneur, le morceau aurait, selon une hypothèse d'Émile Molinier, appartenu primitivement au Castello Sforzesco de Milan, et fait partie d'une série de portraits des ducs.

29. **Buste d'homme.**

Il est de profil à gauche. Un béret est posé sur les cheveux épais.

Au revers, mal dégrossi, avec une mouluration à peine ébauchée, esquisse d'une allégorie : Parque debout avec une quenouille et des ciseaux, la chevelure défaite. — Inventaire *1641*.

Art du Nord de l'Italie, XVe siècle.
Marbre. — Diamètre 0m 14.

Hist. Vente Bonnaffé, 1897, n° 233.

Une note, à côté de la signature autographe d'Edm. Bonnaffé inscrite au revers du cadre, porte l'indication *Jean Bentivoglio*, prudemment accompagnée de deux points d'interrogation.

30. **Bas-relief aux armes des Visconti.**

Sur le champ du bas-relief, de chaque côté de l'écusson à la *Vipera* ou *Biscione* avec l'enfant dans la gueule, les deux lettres G. S. (abréviation du nom de Galéas). — Inventaire *1643*. (Pl. XVI).

Art lombardo-vénitien, XVe siècle.
Terre cuite peinte et dorée.
H. 0m 86 ; L. 0m 46.

Hist. Ancienne collection Stein.

D'après une obligeante communication du comm. Luca Beltrami, conservateur du Castello Sforzesco à Milan, il existe à la Madonna dell' Orto à Venise un bas-relief (de 1m 21 sur 0m 87) présentant une grande analogie avec celui de la collection Arconati Visconti, à la seule différence que l'écusson, contrairement à la règle habituelle qui souffre, d'ailleurs, quelques exceptions, y est tourné en sens inverse. Le monument de la Madonna dell' Orto daterait de 1450 environ et serait un souvenir du voyage de Fr. Sforza à Venise après son mariage avec Blanche Visconti, ou bien encore un témoin du projet qu'avait eu le nouveau duc de Milan d'élever sur le grand canal un palais dont les soubassements à bossages ont gardé le nom de *Cà del Duca*. Galéas, après son frère, vint aussi à Venise en 1459 et y reçut le même accueil triomphal. Le cadre de l'écusson de la collection Arconati Visconti est un travail vénitien.

31. **Urne funéraire.**

Elle est de forme rectangulaire et décorée sur trois faces. La face antérieure porte un cartouche sans inscription ; au-dessous, une guirlande où les pavots et les glands de chêne sont associés et mêlés de rubans flottants. Sur les côtés, deux candélabres supportant un cygne. Cordons de perles, d'oves, de rais de cœur et de feuilles de laurier.

Les faces latérales présentent les mêmes motifs, mais sans aucun cartouche.

Le couvercle de l'urne est en forme de fronton avec un phénix ; sur les côtés, acrotères. — Inventaire *1652*.

Travail franco-italien, XVIe siècle.
Pierre.
H. de l'urne : 0m 53 ; L. 0m 42.
H. du couvercle : 0m 10 ; L. 0m 42.

II. ART FRANÇAIS

32. **La Vierge et l'Enfant.**

La Vierge enveloppée d'un grand manteau descendant de la tête couronnée jusqu'aux pieds, et dont un pan est ramené sur le bras gauche qui porte l'Enfant, tient de la main droite un sceptre. Le petit Jésus, torse nu, les jambes enveloppées d'un lange flottant, tient dans la main gauche une boule et dans la droite un oiseau qu'il appuie sur la poitrine de sa mère, vers laquelle il lève les yeux. — Inventaire *1632*. (Pl. XVII).

Art français, première moitié du XIVe siècle.
Marbre. — H. 1m 07; L. 0m 28.

Hist. Vente Spitzer, 1893. Catalogue n° 1261, pl. XXXVIII. — *La Collection Spitzer*, t. IV, Sculptures, n° 1.

Bibl. Marquet de Vasselot, *Les Arts*, août 1903, p. 2 et 4, reprod. — André Michel, *Histoire de l'art*, t. II, p. 719-720.

Cette statue appartient à une série dont le Louvre possède déjà quelques exemplaires intéressants, et que l'on peut dater avec une précision suffisante grâce à quelques monuments connus et qui comptent parmi les plus remarquables, tels que la « Notre dame la Blanche », donnée par Jeanne d'Évreux à l'église abbatiale de Saint-Denis « le jour de la mi-août 1340 » (aujourd'hui à Saint-Germain-des-Prés); — l'admirable statuette

Pl. XVII.

32. — École française, XIVe siècle.
La Vierge et l'Enfant.

Pl. XVIII.

33. — École de la Loire, xve s.
Une Sainte.

34. — École bourguignonne, xve s.
L'Évanouissement de la Vierge.

35. — École française, XVIe s.
Deux angelots portant un écusson.

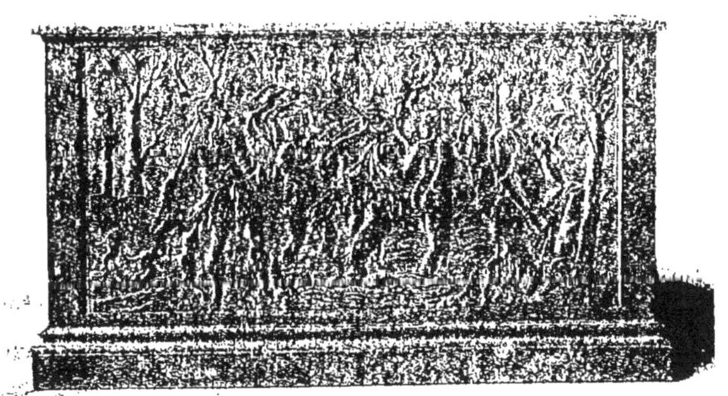

57. — Coffre.
Art français, XVIe s.

Pl. XX.

38. — École française, XVIe s.
Buste de fillette.

en vermeil donnée par la même reine à la même abbaye, le 28 avri 1339 ; — la statue de marbre blanc, donnée par Philippe VI à Guy de Baudet, évêque de Langres, en 1337. — C'est incontestablement aux environs de ces dates, dans la première moitié du XIVe siècle, qu'il convient de placer la Vierge de la collection Arconati Visconti.

33. Une Sainte.

Elle est debout, le visage légèrement incliné vers un livre ouvert qu'elle tient de la main droite. La gauche est brisée. La robe disparaît presque complètement sous un grand manteau dont un pan est ramené sur la tête, découvrant les bandeaux gracieusement ondulés sur le front. Provenance inconnue. — Inventaire *1637*. (Pl. XVIII).

Art français, fin du XVe siècle.
Statuette. Marbre.
H. 0^{m}63 ; L. 0^{m}23.

Bibl. J.-J. Marquet de Vasselot, *Les Arts*, août 1903, p. 2 et 4, reprod.

C'est à l'École française, à la fin du XVe siècle, et probablement à la région de la Loire, qu'il convient d'attribuer cette statuette qui annonce, avec une nuance de maniérisme rappelant un peu certaines œuvres languedociennes de la même époque, l'art qui fleurira sur les bords de la Loire avec la vieillesse et l'atelier de Michel Colombe.

34. L'Évanouissement de la Vierge.

Marie s'affaisse au premier plan ; saint Jean et Marie-Madeleine, debout derrière elle, la soutiennent. L'autre Marie, au second plan, lève la main dans un geste de compassion et de douleur. — Inventaire *1639*. (Pl. XVIII).

École bourguignonne, fin du XVe siècle.
Marbre. — H. 0^{m}29 ; L. 0^{m}18.

Hist. Ancienne collection Baudot à Beaune et vente Vaïsse à Paris, 1885, n° 44.

Bibl. J.-J. Marquet de Vasselot, *Les Arts*, juillet 1903, p. 28, reprod.

35. Deux angelots ou amours ailés portant un écusson.

Ils sont nus et, debout à droite et à gauche d'un écusson central, font effort pour le soutenir. Les armoiries ont disparu. — Inventaire *1642*. (Pl. XIX).

Art français, XVIe siècle.
Haut relief. Pierre.
H. 0^m 76 ; L. 0^m 94.

Hist. Provient de la chapelle de Pagny et de la collection Foule.

Bibl. G. Migeon, *Les Arts*, mai 1902, p. 1 et 4. — Marquet de Vasselot, *ibid.*, août 1903, p. 4.

Un autre haut relief conservé dans la collection Foule fait pendant à celui-ci.

36. Tête d'évêque.

Elle est coiffée d'une mitre triangulaire, décorée de cabochons carrés et de perles. — Inventaire *1640*.

Art français, commencement du XVIe siècle.
Pierre du Jura. — H. 0^m 24.

D'après une note inédite de M. Raoul Duseigneur, accompagnée de la mention *provenance certaine*, cette tête fut trouvée, « il y a plus de quarante ans », dans une fouille de terrassiers, « au pied de l'Église de Brou ». Un « peintre lyonnais » l'emporta et c'est de lui que Mme la marquise Arconati Visconti l'acquit pour sa collection.

37. Tête d'homme dans un médaillon.

Elle est de profil à droite, la barbe en pointe. Sur les cheveux bouclés et cachant l'oreille est posée une toque dont le bord retroussé par devant est épinglé sur la coiffe par un affiquet. Elle est sculptée dans un médaillon dont la bordure circulaire, coupée par quatre bagues, est formée alternativement de feuilles de lauriers, de rubans et de rangs de perles. — Inventaire *1635*.

Art français, XVIe siècle.
Médaillon. Pierre grise. — Diamètre $0^{m}50$.

Ce morceau se rattache à la très nombreuse série de médaillons, les uns exécutés sous l'influence italienne et représentant des têtes d'empereurs ou de guerriers, les autres se rapprochant davantage de portraits, qui servirent depuis Gaillon jusqu'à Bonnivet, Assier, Montal, etc., à la décoration des hôtels et des châteaux.

38. **Buste de fillette.**

Elle est coiffée d'un petit bonnet perlé d'où s'échappent autour du front des boucles et des mèches de cheveux. Elle porte une collerette empesée et une robe ouverte en carré sur la poitrine avec des manches à épaulettes. — Inventaire *1634*. (Pl. XX).

Art français, fin du XVIe siècle.
Marbre. — H. $0^{m}29$; L. $0^{m}30$ à la base.

Hist. Vente E. Bonnaffé, 1897, n° 235.

Bibl. E. Molinier, *Monuments et Mémoires* (fondation Piot), 1899, p. 107-114, pl. — J.-J. Marquet de Vasselot, *Les Arts*, août 1903, p. 1 et 4, reprod.

E. Molinier avait cru pouvoir reconnaître dans ce buste, qu'il attribuait à Germain Pilon, un portrait de la petite princesse Marie-Élisabeth, fille de Charles IX et d'Élisabeth d'Autriche, morte en 1578 à l'âge de cinq ans. Cette séduisante hypothèse a été, avec raison, contredite par M. J. Marquet de Vasselot. Il n'est permis de voir dans ce buste d'enfant qu'une œuvre de la fin du XVIe siècle, peut-être de la suite de l'atelier de Germain Pilon, sans que rien autorise à y reconnaître la main du maître.

39. **Buste de jeune fille.**

Elle porte sur les cheveux, relevés en double bandeau sur le front et sur les tempes, une résille posée sur l'arrière de la tête et recouverte sur les côtés par la coiffure. Son corsage noir avec pélerine et lacets dorés sur un empiècement rouge se termine par un grand col largement évasé et montant. — Inventaire *1646*. (Pl. XXI).

Art français, fin du XVIe siècle.
Terre cuite polychromée. — H. 0^m 23 ; L. 0^m 20.

Hist. Ancienne collection Bonnaffé.

La comparaison avec les deux bustes, très voisins de style et de facture, conservés au musée de Besançon, rend vraisemblable l'attribution au sculpteur comtois Claude Lulier (Arnoux ou Arnoul, dit Lulier), né vers 1510, mort en 1580.

40. **Un clerc.**

Il est debout, la tête vivement tournée sur l'épaule droite, la main gauche (refaite sans doute) à demi levée dans un geste de démonstration. — Inventaire *1636*.

Art français, XVe siècle.
Marbre. — H. 0^m 27 ; L. 0^m 10.

41. **Femme en prière.**

Elle est agenouillée, de profil à gauche, devant un prie-Dieu. Manteau vert, robe rouge. Une tenture décore le fond du panneau. — Inventaire *1651*.

Art français, XVIe siècle.
Panneau de bois sculpté et polychromé.
H. 0^m 55 ; L. 0^m 40.

Pl XXI.

39. — LULIER (Attribué à Claude).
Buste de jeune fille.

Pl. XXII.

43. -- École française, XVIIIe s.
Jeune homme.

42. Tête de jeune femme.

Elle est coiffée d'une toque avec torsade et plume sur le côté droit. Le cou entouré d'une collerette festonnée. — Inventaire *1647*.

Art français, fin du XVIe siècle.
Terre cuite.
H. 0^m 065.

Trouvée, au cours des travaux de voirie, devant la gare Montparnasse.

43. Jeune homme.

Il est de profil à gauche ; les cheveux librement traités, relevés en mèches sur le front et au-dessus de l'oreille et noués d'un ruban sur la nuque. Le col de la chemise entr'ouvert, à la manière des portraits d'artistes. — Inventaire *1645*. (Pl. XXII).

Art français, seconde moitié du XVIIIe siècle.
Médaillon ovale. Terre cuite.
H. 0^m 36 ; L. 0^m 28.

Hist. Vente Rougier, 1904, n° 157, reprod.

Ce charmant bas-relief rappelle par la facture les meilleurs morceaux de Roland dans sa première manière. Il n'est pas sans quelque analogie, pour le style plus que pour la ressemblance, avec un buste, signé de cet artiste, exposé à Tours en 1890 et passé dans la collection Doucet, représentant Denis-Sébastien Le Roy, élève de Peyron (Palustre, *Album de l'exposition rétrospective de Tours*, 1890, pl. XXII, p. 43-44. — *Les Arts*, sept. 1903, p. 15, reprod. — Vente Jacques Doucet, Paris, 1912, n° 121, reprod.). Mais le médaillon est de facture plus souple et plus dans l'esprit du pur XVIIIe siècle.

III. ART FLAMAND

44. L'Annonciation.

La scène se passe dans la chambre de Marie ; au fond, un lit à baldaquin ; à droite, un banc, un escabeau et un pupitre ; au milieu, au premier plan, un vase fleuri. L'ange vient d'arriver à grands pas, les ailes encore battantes ; les cheveux bouclés, rejetés en arrière par la précipitation de sa course ; son manteau flottant au vent ; son ample robe creusée de plis diagonaux. Il lève et avance la main droite, l'index et le médius tendus. La Vierge, assise au pied du lit, enveloppée d'un grand manteau qu'écarte sur sa poitrine le geste d'acceptation de ses deux mains ouvertes, incline sur l'épaule gauche sa tête encadrée de ses cheveux dénoués. — Inventaire *1648*.

Art flamand, xve siècle.
Haut relief. Bois peint et doré.
H. $0^{m}64$; L. $0^{m}81$.

Hist. Ancienne collection du curé de Tervueren (Belgique) et vente Tollin, 1897, Cat. n° 172.

Bibl. J.-J. Marquet de Vasselot, *Les Arts*, août 1903, p. 12 et 14, reprod.

Aucune marque d'atelier n'a pu être relevée sur ce joli haut relief, fragment d'un grand retable, très caractéristique du réalisme attendri de l'art flamand avant l'italianisme.

45. Saint Léonard.

Il est vêtu d'une robe de moine avec capuchon rabattu. Autour de son poignet droit pendent les chaînes et carcans brisés des prisonniers délivrés par lui. Autres chaînons brisés à ses pieds. Dans sa main gauche, un livre. — Inventaire *1650*.

Art flamand ou franco-flamand, fin du XVe ou commencement du XVIe siècle.
Bois de chêne.
H. 1^m 00 ; L. 0^m 28 à la base.

Hist. Ancienne collection Tollin.

46. Un Saint guerrier.

Il est coiffé d'un grand chapeau rond ; il porte une cuirasse et un ample manteau qui, retombant des épaules, vient recouvrir presque complètement la jambe gauche. Il tient dans la main droite un glaive nu, dans la gauche un livre ouvert. Il foule aux pieds une figure d'empereur barbu avec couronne et sceptre. — Inventaire *1649*.

École de Flandre ou d'Allemagne, commencement du XVIe siècle.
Bois de chêne.
H. 1^m 00 ; L. 0^m 34 à la base.

Hist. Vente Tollin, 1897, Cat. n° 183.

La facture de la figure de l'empereur terrassé fait penser à une influence plus allemande encore que purement flamande.

TROISIÈME PARTIE

MEUBLES

ET

BOIS SCULPTÉS

PAR

GASTON MIGEON

CONSERVATEUR DES OBJETS D'ART
DU MOYEN-AGE, DE LA RENAISSANCE ET DES TEMPS MODERNES

MEUBLES ET BOIS SCULPTÉS

47. **Coffre-Cassone** en bois de cyprès, décoré en sculpture champlevée méplate à traits gravés, sur un fond pointillé, de scènes de la vie civile de l'Italie du xve siècle ; à gauche, jeunes hommes et jeunes femmes se promenant dans un jardin d'amour autour d'une fontaine de Jouvence ; à droite, des groupes dansant ou chassant à l'ours et au bouquetin ; large encadrement de rinceaux fleuris enfermant une femme, un lion, des guépards, des bouquetins, des lièvres. — Inv. *6975*. (Pl. XXIII).

Art de l'Italie du Nord, xve s.
H. 0^m 71 ; L. 1^m 76.

Hist. Vente Ed. Bonnaffé, 1897, Cat. n° 261.
Bibl. J.-J. Marquet de Vasselot, *La Coll. de la M^ise Arconati* (*Les Arts*, 1903, n° 19, p. 27 et 30, reprod.).

Ce genre de procédés du champlevé et de la gravure appliqués à la décoration des meubles est particulier aux ateliers de l'Italie du Nord au xve siècle. Erculei (*Intaglia e tarsia in legno*) avait pensé que les parties champlevées autour des sujets avaient été remplies de mastics colorés, et que les traits gravés du dessin avaient été colorés pour l'accentuer. Et cependant aucune trace de couleur n'a été retrouvée sur les meubles que nous connaissons. Un coffre absolument analogue de technique et de décor est au Musée de Cluny (E. Molinier, *Histoire des arts appliqués à l'industrie*, II, pl. II) ; un autre est dans la collection A. Figdor de Vienne (H. Stegman, *Die Holzmöbel der Sammlung Figdor*, Vienne, 1907, fig. 14) ; d'autres au Kunstgewerbe Museum de Berlin (Hefner-Alteneck, *Costumes, arts, etc*, Francfort, 1887, vol. VI, pl. 400) ; au Victoria and Albert Museum de Londres (Bode, *Italienische Hausmöbel*. Berlin, fig. 72) ; au Musée national bavarois de Munich.

48. **Dressoir** en bois de chêne, à pans coupés, ouvrant de face par deux portes à ferrures sculptées de chardons où picorent des oiseaux et rampent des limaces, séparées, de même que les côtés, par des pinacles à clochetons abritant des figurines debout et portés dans le vide par des bustes d'anges volant. Les pans coupés et les côtés sont sculptés de rinceaux de feuilles de chêne et de pampres où picorent aussi des oiseaux, et où chasse un sanglier.

La ceinture comporte des panneaux et deux tiroirs décorés de pampres avec grappes de raisin et de chardons.

Le corps inférieur est évidé, garni dans le fond de quatre panneaux à serviettes. — Inv. *6972*.

Art flamand, fin du xve s.
H. 1m 62 ; L. 1m18 ; P. 0m 51.

Hist. Vente Spitzer, t. II, fig. n° 1.

Bibl. E. Molinier, *Hist. des arts appliqués*, II, p. 26, reprod. — J.-J. Marquet de Vasselot, *Coll. de la Mise Arconati* (*Les Arts*, 1903, n° 20, p. 5, reprod.).

Un dressoir, de même forme et de même esprit décoratif, est attribué par O. von Falke au pays rhénan (*Illustrierte Geschichte des Kunstgewerbes*, fig. 308).

49. **Bahut** en bois de sapin sculpté et polychromé, en un un seul corps, et ouvrant à deux portes. Les deux montants sculptés en haut relief de deux termes portés sur deux gaînes

Pl. XXIII.

47. — Coffre. Art italien, xve s.

Pl. XXIV.

49. — Bahut. Attribué à Hugues Sambin.
Art bourguignon, XVIe s.

PL. XXV.

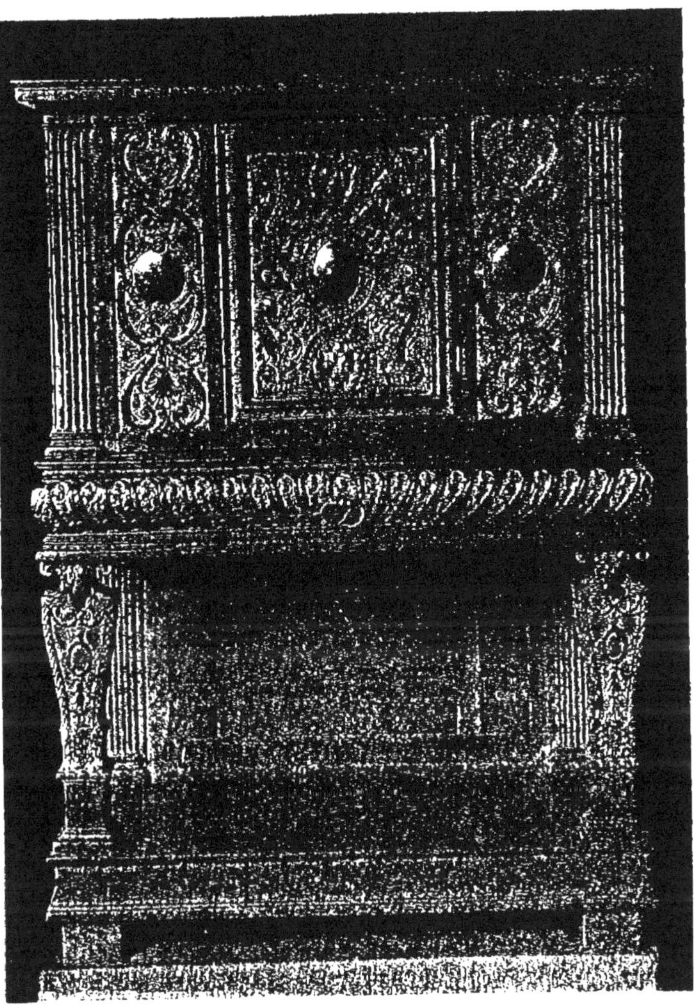

50. — Dressoir.
Art lyonnais, XVIe s.

Pl. XXVI.

62. — Panneau de stalle.
Art français, xve s.

54. — Armoire.
Art de l'Ile-de-France, xvie s.

à chapiteaux dont les fûts sont entourés de tiges à feuilles et à fruits, et supportant des corbeilles à fruits. Les deux portes, dont un troisième terme à buste de femme couvre le joint, sont sculptées, sous de petits compartiments à coquilles et à guirlandes, de deux figures presque en ronde bosse d'un Hercule levant sa massue, et d'une Vénus debout sur une sphère tenant auprès d'elle un petit Amour. Deux colonnettes à chapiteaux Renaissance les encadrent.

Au-dessous d'une décoration architectonique avec masques et guirlandes, deux petits panneaux peints d'une Création de l'homme et du Meurtre d'Abel par Caïn. Les panneaux de côtés à compartiments moulurés portent chacun deux rosaces à sculpture méplate. — Inv. *6968*. (Pl. XXIV).

Bois entièrement doré et polychromé.
Art français. Attribué à Hugues Sambin, Dijon, vers 1580.
H. 2^m06 ; L. 1^m50 ; P. 0^m60.

Bibl. E. Molinier, *Exposition rétrospective de 1900*, pl. 52. — Id., *Catalogue illustré*, n° 2862, repr. p. 165. — Id., *Histoire des arts appliqués à l'industrie*, II, pl. XIV. — J.-J. Marquet de Vasselot, *La Coll. de la M^ise Arconati* (*Les Arts*, 1903, n° 20, p. 7, reprod.).

Ce bahut est bien caractéristique de l'art de Hugues Sambin et de son école, et certainement le spécimen le plus typique et le mieux conservé. Ces trois fortes figures en cariatides qui le décorent, sous l'inspiration des estampes d'Androuet du Cerceau (v. E. Molinier, p. 134), sont en rapports étroits avec les gravures du principal recueil qu'il a publié : « Œuvre de la diversité des termes « dont on use en architecture, reduicts en ordre par maistre « Hugues Sambin demeurant à Dijon. A Lyon par Jehan Durant, « MDLXXII. » On retrouve ces termes dans une armoire du Musée de Cluny venant de Clairvaux (E. Molinier, *ouvr. cité*, II, p. 149, repr.), comme aussi à la porte extérieure du Palais de Justice de Dijon. Cette intervention des panneaux peints de sujets dans la décoration se retrouvent dans l'armoire du Musée de Besançon avec ses huit figures peintes en camaïeu *haché d'or*, dont l'une est signée E. Bredin f. 1581 (v. E. Bonnaffé, *Le meuble en France au XVI*e s., p. 169) et aussi dans une grande armoire à deux corps qui se trouvait dans la collection du baron Seillière au château de Mello (Catalogue nº 540).

50. **Dressoir** en bois de noyer, dont le corps supérieur aux angles en pilastres cannelés ouvre sur le devant par une porte sculptée d'un ove central saillant, entouré d'un large ruban entrelacé qui entoure au-dessus et en dessous un mufle de lion en relief. Des chutes latérales de ce ruban partent des bouquets de feuillage. Les deux panneaux rectangulaires qui flanquent cette porte sont sculptés d'un médaillon ovale brisé et saillant limité par un ruban enlacé, en dessus et en dessous duquel part une palmette entre deux volutes de feuillages. Les deux panneaux de côté portent la même décoration que la porte. La ceinture formant tiroir est sculptée de tiges de fleurs en godrons obliques.

Le tout est porté sur une partie inférieure évidée par deux balustres aplatis, sculptés de feuillages, surmontés de têtes de béliers en consoles. — Inv. *6971*. (Pl. XXV).

Art français. Lyon, XVIe s.
H. 1m 45 ; L. 1m 06 ; P. 0m 56.

Hist. Ancienne collection Gabriel de Magneval, à Lyon.

Bibl. E. Molinier, *Hist. des arts appliqués*, II, pl. XI, nº 1. — E. Molinier, *Exp. rétrospective de 1900*, pl. 54. — Id., *Catalogue*, nº 2850, p. 169 (reprod.). — J.-J. Marquet de Vasselot, *Les Arts*, 1903, nº 20, p. 10, reprod.

Cet admirable meuble, d'une si grande simplicité, d'une construction si harmonieuse, d'un goût si pur de décoration, a pu sortir d'un atelier lyonnais familier avec les modèles gravés d'Androuet du Cerceau. — Dans le même esprit est la belle porte de noyer cintrée du Musée de Lyon (1 pl. dans l'Album des Musées de la ville de Lyon, sous les auspices de la Société des Amis des Arts, 47e année, 1884).

Sa sculpture méplate et ses profils effacés ont pu paraître à Ed. Bonnaffé être inspirés par les compositions de l'artiste lyonnais Bernard Salomon, surnommé le Petit Bernard.

51. **Dressoir** en bois de chêne, à pans coupés, en deux parties pleines, la partie supérieure ouvrant de face par deux portes à ferrures sculptées de médaillons ovales à bustes de femmes au milieu de rinceaux fleuris à corps de cygnes. Séparés, de même que les panneaux du pan coupé à décor floral, par des colonnettes à écailles supportant des chiens ou des oiseaux. Les deux côtés sont formés de panneaux à serviettes. La partie inférieure ne comporte qu'une petite porte à ferrures sculptées de rinceaux et d'une tête d'ange ; les deux petits panneaux qui l'encadrent sur le devant, de même que les pans coupés, sont à décor floral. Le corps inférieur est évidé. — Inv. *6973*.

Art français de la Loire, XVIe s. Époque de Louis XII.
H. 1[m] 42 ; L. 1[m] 16 ; P. 0[m] 48.

Deux dressoirs de même forme et de même caractère décoratif étaient dans la coll. Soltykoff, Cat. n° 285 (1861), et au Musée de Cluny (Deshairs, *Le Mobilier*, dans l'*Hist. de l'Art* de M. André Michel, t. V, 2e partie, fig. 570). — Un autre dressoir de même forme, mais de décor demeuré purement gothique, était aussi dans la coll. Soltykoff, n° 280, avec les écussons de Louis XII et d'Anne de Bretagne. D'un type et d'une sculpture admirables, ce dressoir est au Musée Dobrée de Nantes.

52. **Armoire** en bois de noyer à deux corps : le corps supérieur légèrement en retrait surmonté d'un fronton à deux pentes, brisé en son centre, interrompu par une niche abritant une figure drapée de Judith tenant la tête d'Holopherne, ouvre à deux portes sculptées chacune, dans un médaillon ovale, de figures de Mars et de Vénus, et de Mercure et de Cérès. Surmontée d'un aigle portant sur ses ailes éployées une guirlande, et reposant sur deux sphinx assis et adossés.

Le corps inférieur en saillie ouvre aussi à deux portes sculptées chacune d'une figure de femme nue sur un dauphin, ou sur une nef voguant sur les flots.

Aux montants sont des médaillons à personnages ou à cygnes nageant, avec plaquettes de marbre noir moucheté de blanc; de même au tiroir. Les reliefs portent encore traces de dorure. — Inv. *6969*.

Art français. Ile-de-France, XVIe s.
H. 2m 32; L. 1m 18; P. 0m 45.

Hist. Ancienne collection Foule.
Bibl. J.-J. Marquet de Vasselot, *La Coll. de la M[ise] Arconati* (*Les Arts*, 1903, n° 20, p. 6, reprod.).

Ce genre d'armoires, à formes architectoniques (n°s 52 et 53 de ce catalogue), composées d'après les édifices dus à Jean Bullant, à Pierre Lescot et à Philibert de Lorme, peuvent être originaires de l'Ile-de-France, où l'art de ces architectes a été le plus florissant. Les formes minces et allongées des figures de déesses ou de nymphes, qui les décorent, rappellent aussi l'École de Fontainebleau et l'art de Jean Goujon. L'un des meubles les plus parfaitement beaux de cette série appartient aux collections de M. Ferdinand Dreyfus (E. Molinier, *Hist. des arts appliqués*, II, pl. X).

53. **Armoire** en bois de noyer, à deux corps; le corps supérieur légèrement en retrait, surmonté d'un fronton à deux pentes interrompu par une niche abritant une figurine de femme nue, ouvre à deux portes sculptées chacune, dans un médaillon ovale, de figures de femmes nues marchant en tenant des fleurs ou des fruits au milieu d'un panneau décoré de guirlandes, d'aigles volant et de chimères adossées à deux plaquettes de marbre noir moucheté de blanc incrustées dans le bois.

Le corps inférieur, en saillie, ouvre aussi à deux portes sculptées, dans deux médaillons ovales, d'une femme nue portant une faucille et une gerbe de blé (l'Été), et d'un vieillard portant un vase d'où sortent des flammes (l'Hiver); décor au panneau de plaquettes de marbre, de guirlandes et de dauphins.

Sur les montants du corps inférieur, médaillons ovales sculptés d'aigles et de cygnes, et au tiroir deux plaquettes de marbre de chaque côté d'un petit panneau avec une Junon étendue, un paon à ses pieds. — Inv. *6970*.

Art français. Ile-de-France, XVIe s.
H. 2[m] 14; L. 1[m] 12; P. 0[m] 44.

Hist. Ancienne collection Carré, à Tours.

Armoire très analogue de disposition décorative et de sujets dans la coll. Chabrière-Arlès (J.-B. Giraud, *Exposition rétrospective de Lyon, 1877*, pl. XLV).

54. **Armoire** en bois de noyer, à deux portes superposées sculptées de médaillons ovales représentant : l'un une victoire ailée portée sur un pavois orné de lances et de drapeaux et tenant par des liens deux guerriers prisonniers; aux écoinçons du panneau, deux figures féminines étendues et deux chimères à têtes de lions, assises ; l'autre, une Cérès debout, nue, tenant des épis dans un paysage ; lambrequins et palmes encadrant le médaillon. Petits placages de marbre blanc et noir incrustés dans les montants. — Inv. *6974*. (Pl. XXVI).

Art français. Ile-de-France, XVIe s.
H. 1[m] 46; L. 0[m] 73; P. 0[m] 44.

Hist. Vente Bonnaffé, 1897, Cat. n° 351.
Bibl. E. Bonnaffé, *Le meuble au XVIe s.*, repr. p. 165. — J.-J. Marquet de Vasselot, *Les Arts*, n° 20, p. 8, reprod.

55. **Armoire** (Corps inférieur d'une) en noyer, évidé et porté sur quatre colonnettes dont les arcatures extérieures sont décorées d'un aigle en haut relief, les ailes éployées ; au tiroir,

deux petits bas-reliefs de deux femmes nues étendues devant un fond de paysage, l'une tenant un oiseau, l'autre une branche fleurie. Incrustations de petites plaques de marbre noir veiné de blanc. (Réfections modernes). — Inv. *7006*.

Art français. Ile-de-France, XVIe s.
H. 0^m 90 ; L. 0^m 89 ; P. 0^m 39.

Hist. Vente Stein, 1899. Cat. n° 187, planche.

56. **Coffre** en bois de chêne, dont le panneau antérieur est divisé en cinq compartiments rectangulaires, moulurés, sculptés symétriquement de quatre bustes de guerriers casqués de casques de fantaisie se faisant face au-dessus de targes de tournois. Le compartiment central décoré d'un écu armorié à coquille flanquée de l'I et de l'A enrubannés, armes de Jacques d'Amboise? Les panneaux latéraux sont sculptés de serviettes.

Les panneaux sont en partie anciens ; le montage du coffre est moderne. — Inv. *6976*. (Pl. XXVII).

Art français d'Auvergne ? XVIe s.
H. 0^m 80 ; L. 1^m 67 ; P. 0^m 58.

Hist. Vente Rougier, 1904, Cat. n° 202 (reprod.).

Bibl. J.-B. Giraud, *Exposition rétrospective de Lyon*, *1877*, pl. XXVII. — E. Bonnaffé, *Le meuble au XVIe s.*, p. 125 (reprod.).

Le meuble qui est en rapport le plus étroit avec ce coffre est une admirable stalle à trois places de la coll. Ed. Foulc, aux armes de Jean de Langeac, dans lequel une des têtes de guerrier est presque identique à la tête de droite de ce coffre (E. Molinier, *Hist. des arts appliqués*, II, pl. VIII). Cette stalle provient de l'abbaye auvergnate de Langeac, et l'abbé Jean de Langeac fut aussi évêque de Limoges en 1533.

Le coffre de la coll. Arconati porte en son panneau central l'écu armorié aux initiales I. A. qu'Ed. Bonnaffé a rapportées à Jacques d'Amboise, évêque de Clermont-Ferrand de 1505 à 1516, grand constructeur, et qui aurait fait faire à neuf les stalles du chœur de la cathédrale de Clermont par le menuisier Gabriel Chapart. Ces rapprochements pourraient à la rigueur autoriser à reconnaître une origine auvergnate à deux meubles d'un décor aussi analogue. Mais il faut bien observer qu'une tête de guerrier casqué du même caractère se trouve sur le coffre d'Azay-le-Rideau au Louvre, et il faut également noter que M. E. Molinier a contesté l'attribution héraldique à Jacques d'Amboise, les armes d'Amboise étant toutes différentes, ce qui doit nous incliner à une extrême prudence dans le classement géographique des meubles de la Renaissance française. — A en rapprocher également quatre panneaux avec bustes provenant d'un coffre du legs E. Peyre (*Le Musée des arts décoratifs. Le Bois*, par Metman et Brière, nos 195, 197, 198, 200, pl. XLI).

57. **Coffre** en noyer, dont le panneau antérieur est sculpté en léger relief de la Métamorphose en cerf d'Actéon, devant Diane assise appuyée sur sa lance, sur le bord de la rivière dans laquelle se baignent quatre nymphes nues. Chaque panneau latéral est sculpté en très léger relief de deux chimères à têtes de femmes et à queues de poissons enlacées, adossées à un cartouche surmonté d'une coquille. (Les trois panneaux sont anciens dans un arrangement de coffre moderne.) — Inv. *6977*. (Pl. XIX).

Art français, XVIe s.
H. 0m 64 ; L. 1m 12 ; P. 0m 58.

Hist. Vente Rougier, 1904, Cat. n° 219.
Bibl. J.-B. Giraud, *Exposition rétrospective de Lyon, 1877*, pl. XXXIX.

J.-B. Giraud croyait à une origine lyonnaise et rapprochait le panneau sculpté des compositions du Petit Bernard qui grava un grand nombre de sujets analogues, pour les éditions du grand imprimeur lyonnais Jean de Tournes. Certaines faïences lyonnaises n'ont pas d'autre origine d'inspiration.

58. **Table** en noyer, portée à chaque extrémité par deux colonnes cannelées à chapiteaux, séparées par une arcature ajourée, et contre lesquelles s'adossent deux chimères ailées reposant sur une console à double volute formant pied, et reliée par une traverse sur laquelle reposent cinq pilastres supportant une sextuple arcature. (Réfections modernes.) — Inv. *6979*.

Art français, XVIe s. ?
H. 0^m 84 ; Long. 1^m 48 ; Larg. 0^m 85.

Hist. Vente Rougier, 1904, Cat. n° 224 (reprod.).
Bibl. J.-B. Giraud, *Exposition rétrospective de Lyon, 1877*, pl. XXVI.

59. **Table** en noyer, portée à chaque extrémité par deux colonnes cannelées à chapiteaux, séparées par une arcature ajourée reposant sur une console à double volute formant pied, reliée par une traverse sur laquelle reposent trois pilastres supportant une quadruple arcature. — Inv. *6980*.

Art français, XVIe s.
H. 0^m 87 ; Long. 1^m 32; Larg. 0^m 85 ;

Hist. Ancienne collection Chabrière-Arlès.

60. **Porte** en chêne à un vantail décoré au centre en haut relief d'un mufle de lion dans un ovale à oves, inscrit dans de larges rubans entrelacés. De chaque côté, verticalement, deux pilastres cannelés supportent un entablement saillant couronné d'un compartiment en panneau plat flanqué de masques d'hommes criant dans une forte moulure cintrée. — Inv. *6981*. (Pl. XXVIII).

Art français, XVIe s. Époque de Henri II.
H. 2^m 47 ; L. 1^m 27.

Hist. Provenant de l'ancien hôtel Jean d'Alibert, à Orléans.

Pl. XXVII.

56. — Devant de coffre. Art français. XVIe s.

Pl. XXVIII.

60. — Porte.
Art français, XVIe s.

Pl. XXIX.

61. — Porte.
Art français, XVIe s.

Pl. XXX.

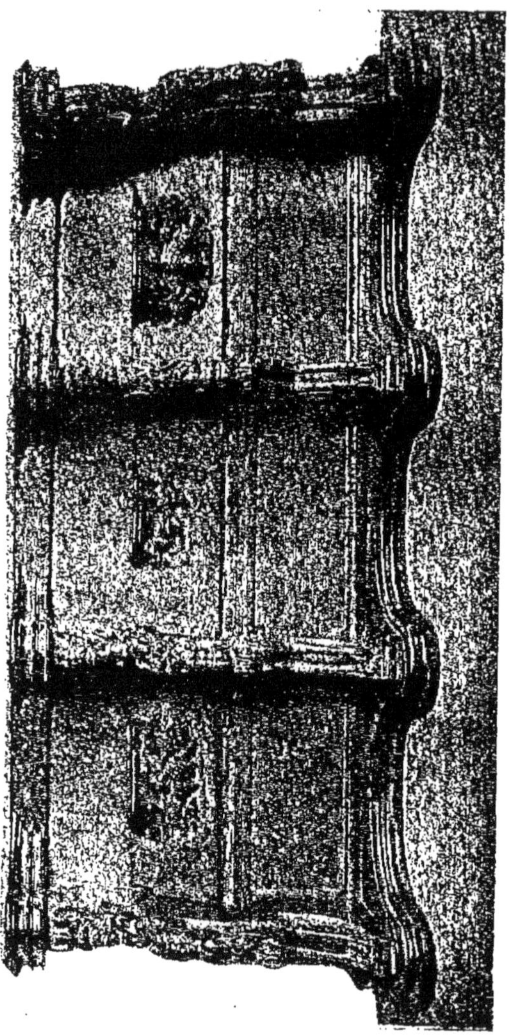

64. — Stalles. Art français, début du xviie s.

Bibl. Claude Sauvageot, *Palais, châteaux et maisons de France, du XVe au XVIIIe s.*, t. III, pl. VI. — J.-J. Marquet de Vasselot, *Les Arts*, 1903, n° 20, p. 9, reprod.

La maison de Jean d'Alibert, gentilhomme calviniste, existait encore il y a trente ans à Orléans au n° 6 de la Place du Marché à la volaille.

61. **Porte** en noyer à un vantail, divisée en deux panneaux superposés, entourés chacun d'une grecque à entrelacs méplats.

Dans le panneau supérieur un écusson, inscrit dans un rectangle et suspendu à un disque par un ruban, porte deux CC entrelacés, les armoiries de Claude d'Urfé, en bois clair incrusté dans le noyer, entre deux grands rinceaux richement fleuris en demi-relief, dont deux oiseaux adossés picorent les fleurs supérieures. Le panneau inférieur comporte un encadrement à larges filets de bois clair entrelacés renfermant un médaillon ovale. — Inv. *6982*. (Pl. XXIX).

Art français, XVIe s.
H. 2^m 21 ; L. 1^m 06.

Hist. Provient du château de la Bâtie d'Urfé (Loire). — Ancienne collection Bourdeley.

La chapelle du château de la Bâtie d'Urfé en Forez, construite par Claude d'Urfé, était entièrement décorée de marqueteries à l'italienne ; un panneau portait même la signature de Fra Damiano, de Bergame (1548), célèbre marqueteur italien. Les éléments qui en avaient été recueillis par M. Émile Peyre ont été légués par lui au Musée des Arts décoratifs à Paris (Soultrait et F. Thiollier, *Le château de la Bastie d'Urfé*. Saint-Étienne, 1886). M. Thiollier (*Gazette des Beaux-Arts*, 3e période, t. VIII, 1892, p. 365), signalant la dispersion de tous les éléments décoratifs du château dans les diverses collections publiques et privées, semble indiquer que cette porte, d'exécution très analogue aux boiseries italiennes de la chapelle, était au premier étage.

62-63. **Deux panneaux** en noyer, sculptés en haut relief chacun d'un ange ailé et nimbé, debout sur une console, et tenant devant lui un écusson décoré d'un aigle les ailes éployées; chaque figure est sous une arcature ogivale fleurie. — Inv. *6983*. (Pl. XXVI).

Art français, 2e tiers du xve s.
H. 1m92; L. 0m45.

Hist. Provenant de l'église de Saint-Claude (Jura).

Bibl. A. Vayssière, *Les stalles de la cathédrale de Saint-Claude* (Mém. de la Société d'Émulation du Jura, 1874). — B. Prost, *Note sur Jean de Vitry* (id., 1877). — E. Molinier, *ouvr. cité*, II, p. 81 (reprod.). — C. de Mandach, *Les stalles de Saint-Claude* (*Gaz. des Beaux-Arts*, oct. 1913, repr.).

Deux panneaux de noyer semblables, portant les mêmes figures d'anges et les mêmes écussons, sont au Victoria and Albert Museum à Londres (anc. coll. Salting).

Contrairement à l'opinion d'E. Molinier qui avait cru les deux panneaux de la coll. Arconati d'art italien savoyard, et provenant de l'église de Brou, ces quatre panneaux ont bien été identifiés par M. C. de Mandach, qui les a rapprochés par raisonnement incontestable du bel ensemble de stalles encore aujourd'hui dans le chœur de l'église de Saint-Claude (Jura), exécutées entre 1449 et 1465, sous la direction du menuisier Jean de Vitry, bourgeois de Genève. La date 1465 se trouve sur la face interne d'une des jouées. On trouve des stalles avec figures d'anges très semblables aux églises Saint-Gervais et Saint-Pierre de Genève. Les écussons avec un aigle dans les panneaux de la coll. Arconati, avec l'aigle à deux faces dans les deux panneaux de Londres, portent les armoiries de l'abbaye de Saint-Claude et celles de l'Empire dont se réclamait la terre de Saint-Claude.

Après enquête auprès de survivants qui les avaient encore connus à Saint-Claude, M. C. de Mandach a pu affirmer que ces quatre panneaux surmontaient les stalles de retour adossées au jubé disparu et regardant le sanctuaire. Non remployés dans la réfection des stalles en 1874, ils furent alors vendus, et les deux panneaux de Londres furent achetés par Salting à la vente Stein en 1899.

64. **Stalles de chœur** en noyer, à trois sièges, dont les parcloses sont sculptées de quatre chimères, trois à têtes humaines, une à tête de monstre, sur les têtes desquelles viennent porter en volutes les accoudoirs profondément moulurés. Les trois miséricordes sont sculptées sous les sièges : deux d'un aigle au milieu de fruits, celle du milieu d'un ange porté par un monstre à queue de serpent. — Inv. 6978. (Pl. XXX).

Art du Midi de la France, influence bourguignonne, début du XVIIe siècle.

H. 1ᵐ07 ; L. 2ᵐ 76.

Hist. Provenant de l'église Saint-Étienne de Toulouse. — Vente Paul Eudel, 1898, Cat. n° 330, reprod.

Bibl. J.-J. Marquet de Vasselot, *Les Arts*, n° 20, p. 11, reprod.

L'ensemble des stalles existe encore dans le chœur de l'église Saint-Étienne à Toulouse. Elles avaient été commandées par le cardinal de Joyeuse et le Chapitre de l'église, après l'incendie de 1609, à un maître menuisier de Narbonne, Pierre Monge, qui, sur ses dessins, les fit exécuter par Antoine Lenté, Louis Berry et Antoine Morissot (comptes du 2 février 1610, 12 juillet 1611, 3 février 1612). Cette date peut paraître un peu tardive pour des sculptures qui présentent encore le style et le caractère de la 2e moitié du XVIe siècle ; elle ne surprendra pas ceux qui connaissent bien les monuments de Toulouse, où les modes de l'architecture et de la sculpture sont toujours en retard d'une quarantaine d'années sur l'art du Nord et du Centre de la France. (J. de Lahondès, *L'église Saint-Étienne, cathédrale de Toulouse*. Édouard Privat, éditeur, 1890, p. 260 et suivantes).

Il convient d'en rapprocher les stalles de l'église Saint-Sernin à Toulouse qui paraissent de même date, peut-être des mêmes sculpteurs, et qui sont tout aussi belles.

Il semble que ces trois stalles de la coll. Arconati durent être enlevées du chœur, les 4e, 5e et 6e du côté gauche, quand on voulut y placer le petit orgue qu'on y voit aujourd'hui. (Communication de M. Paul Jamot).

65. **Panneau** en chêne, en forme de losange, sculpté en haut relief d'une salamandre au milieu de flammes, au-dessus de laquelle est une couronne à fleurs de lys. — Inv. *6984*.

Art français, XVIe s. Époque de François Ier.
H. 0m67 ; L. 0m 57.

Hist. Acquis de M. Ch. Stein.

Ce genre de décoration dans le bois sculpté, que présente également le panneau suivant, apparaît à Chambord, à Fontainebleau et dans tous les châteaux où François Ier laissa trace de son passage. Les portes de chêne de Chambord présentent ces salamandres, ces F. couronnées au milieu de menues arabesques. Travail de mains bien françaises, si Francisque Scibecq, dit de Carpi, y apporta une direction d'art toute italienne.

66. **Panneau** de chêne en forme de losange, sculpté en haut relief d'une grande F, au milieu de rinceaux fleuris terminés par des têtes d'animaux fantastiques, ou auxquels sont suspendues des cottes d'armes. Au-dessus de l'F est une couronne à fleurs de lys. — Inv. *6985*. (Repr. sur la couverture).

Art français, XVIe s. Époque de François Ier.
Diamètre 0m 75.

Hist. Acquis de M. Ch. Stein.

67. **Trois panneaux** rectangulaires en chêne sculpté, dans un encadrement de pilastres, terminé par un pinacle ; d'arrangement moderne.

Le panneau de gauche est décoré d'une vasque accostée de deux licornes, sur laquelle deux oiseaux supportent une armure que surmonte un médaillon rond à tête d'homme. Le panneau du milieu est décoré d'un grand vase flanqué de figures ailées, de cornes d'abondances, de têtes de satyres, et surmonté d'un médaillon rond à tête de femme.

Le panneau de droite à haut vase monumental flanqué d'arabesques est surmonté d'une tête d'homme couronnée. — Inv. *6986*.

Art français, XVIe s.
H. 1m22; L. 1m20.

Hist. Proviennent du château d'Arnay-le-Duc (Côte-d'Or), où les avait acquis Récapé. — Vente Hochon, 1903, Cat. n° 115, reprod.

68. **Panneau** rectangulaire de chêne, sculpté en haut relief de rinceaux fleuris finissant au sommet par deux têtes de satyres barbus. Au centre, dans un médaillon rond, une tête d'homme de profil casqué. — Inv. *6987*.

Art français de Normandie, XVIe s. Époque de François Ier.
H. 0m80; L. 0m38.

Hist. Vente Hochon, 1903, Cat. n° 120.

QUATRIÈME PARTIE

CÉRAMIQUE

PAR

GASTON MIGEON

CONSERVATEUR DES OBJETS D'ART
DU MOYEN AGE, DE LA RENAISSANCE ET DES TEMPS MODERNES

CÉRAMIQUE

69. **Coupe** sur piédouche, à bords festonnés, à décor gravé sous la couverte. L'intérieur dont la partie inférieure est godronnée porte au fond un décor de feuilles stylisées, de même qu'au piédouche; l'extérieur a un décor linéaire. — Inv. *6988*.

Art italien. Italie du Nord, xve s.
H. 0m 215 ; L. 0m 29.

70. **Coupe** creuse, privée de son pied, décorée en traits gravés sous couverte, dans le fond d'un cerf couché à rehauts bruns sur fond de feuillages verts, inscrit dans une étoile à huit pointes. Tout autour court un rinceau de feuilles de chêne. Au revers, mêlés à un rinceau de fleurs stylisées, gravées en buste, trois figures, jeune homme de face et jeunes femmes de profil, et ailleurs un lion, un chien et une biche assis. — Inv. *6989*.

Art italien. Italie du Nord, xve s.
H. 0m 065 ; Diam. 0m 24.

71. **Plat** rond, décoré sur un fond blanc ponctué de bleu, au centre d'un médaillon circulaire avec cartouche aux armoiries des Minerbetti de Florence, « de gueules à trois épées d'argent garnies d'or, les pointes en bas, disposées en éventail », bleues sur fond brun, dans un encadrement de chevrons blancs et bruns.

Sur le large marli, des grenades bleu foncé stylisées sont interrompues par des boutons lancéolés bleus sur fond blanc; au revers, traits concentriques violets, bleus et ocre. — Inv. *6990*. (Pl. XXXI).

Art italien. Faenza ou Toscane, fin du xve s.
Diamètre 0m 44.

Hist. Vente du château de Langeais, 1886, Cat. n° 37. — Ancienne collection Beurdeley.

Bibl. J.-J. Marquet de Vasselot, *Les Arts*, 1903, n° 19, p. 29, reprod.

A rapprocher : deux plats de la coll. Beckerath, Catalogue par Falke, pl. P et pl. 27. Berlin, 1913; — un plat de la coll. Bode. Bode, *Majolika in Toskana*, pl. 26. Berlin, 1911; — un plat de la coll. Pringsheim, Catalogue par Falke, n° 20, pl. 13.

Le Dr Bode, comme Otto von Falke dans ses plus récentes études, semble avoir abandonné au profit de l'origine florentine, l'attribution de telles céramiques à Faenza, très courante. Mais Falke, datant encore il y a quelques années le plat Pringsheim de 1540, semblait le rajeunir avec excès.

72-73. **Vases** (**Paire de**) de forme ovoïde, dont la panse est décorée à sa partie supérieure de deux rinceaux de feuillages stylisés en volutes et de plumes de paon, bleus, manganèse, jaunes et vertes sur fond blanc. Sur la face, dans une couronne de feuillages verts et jaunes, est inscrit un médaillon rond où se dressent trois fleurettes bleues à cœurs jaunes sur fond blanc ponctué de bleu. A la partie médiane court une frise circulaire de rinceaux de fleurs bleues à cœurs jaunes, sous laquelle une frise inférieure est décorée de plumes de paon bleues, vertes et jaunes. — Inv. *6991*.

Art italien. Faenza, 2e moitié du xve s.
H. 0m 31 ; L. 0m 25.

Bibl. J.-J. Marquet de Vasselot, *Les Arts*, 1903, n° 19, p. 29, reprod.

A rapprocher : un vase au Musée National de Florence (Wallis,

71. — Plat. Art italien.
Faenza ou Toscane, xve s.

Pl. XXXII.

76. — Cruche. Art italien.
Florence, XVIe s.

Pl. XXXIII.

79, 77, 78. — Albarelli. Art italien.
Sienne, XVIe s.

PL. XXXIV.

80. — Plat. Art italien.
Deruta, vers 1500.

127. — Plat. Art italien.
Florence ou Faenza, vers 1480.

Italian ceramic Art, fig. 43); — un vase coll. Bode. Bode, *Majolika in Toskana*, pl. 34, — et un vase coll. Pringsheim, Catalogue par O. von Falke, n° 15, pl. 10, que tous deux croient florentins, malgré ces deux caractéristiques des larges feuillages en volutes et des plumes de paon que l'on avait crus jusqu'ici faentins.

74. **Albarello** dont la panse est décorée, entre deux rangées de traits bruns, verts et bleus, d'une frise de rinceaux bleu pâle à fleurs stylisées bleues, brunes, vertes et manganèse, sur fond blanc. — Inv. *6992*.

Art italien. Faenza ou Florence, vers 1500.
H. 0m 20 ; L. 0m 15.

75. **Pot** de forme sphérique, à décor de tiges de feuillages et de palmettes stylisés bleus sur fond blanc. Au sommet et à la base de la panse court une frise de traits entrecroisés bleus sur fond blanc. — Inv. *6993*.

Art italien. Faenza, 1er tiers du XVIe s.
H. 0m 27 ; L. 0m 28.

Un vase identique de forme et de décor était dans la coll. Beckerath, Catalogue Falke, n° 307, pl. B.

76. **Cruche** à deux anses en forme de dragons, et à goulot au sommet de la panse qui est semée de palmettes stylisées bleues ponctuées de rouge sur fond blanc. La face porte une couronne circulaire de feuilles de chêne vertes avec glands jaunes et bruns, renfermant un médaillon rond, où, sur un terrain jaune et vert et sur un fond bleu strié, se détache un griffon jaune ailé, les griffes posées sur une ancre. — Inv. *6994*. (Pl. XXXII).

Art italien. Florence, 1re moitié du XVIe s.
H. 0m 39 ; L. 0m 36.

Une cruche tout à fait analogue avec armoiries est dans la coll. Pringsheim, Cat. Falke, n° 41, pl. 25.

77. **Albarello** dont la panse est décorée, dans un compartiment, d'un chien assis, à rehauts blancs et jaunes sur un fond bleu strié, entre deux bandes de rinceaux bleus sur fond jaune. Sous l'animal, dans un cartouche, est tracé en bleu sur fond blanc l'inscription : TRIACA (Theriaca = Thériaque). Au revers, zigzags bleus sur fond blanc. — Inv. 6995. (Pl. XXXIII).

Art italien. Sienne, commencement du XVIe s.
H. 0m 19 ; L. 0m 125.

Le décor d'un chien assis, la queue ramenée et redressée entre les jambes (inspiration orientale), se retrouve dans d'autres albarelli florentins ou faentins (Vente Spitzer, Catalogue n° 10. — Coll. Beckerath, Catalogue Falke, pl. C, n° 51).

Les albarelli (du mot italien albarello, petit arbre, pris pour leur forme, employé par Picolpasso, et repris par Victor Gay en 1887 dans le Glossaire archéologique) étaient également appelés pots à canon (à cause de leur forme) ou à onguents pour les électuaires, les opiats, les confections, les baumes, et aussi pour les pilules. Mais on y mettait bien d'autres drogues. Destinés aux apothicaires, il est certain qu'au moins à Paris les épiciers en ont fait usage.

On les trouve mentionnés dans les inventaires sous le nom de « pots de Damas », soit qu'on ait cru orientaux les très nombreux albarelli italiens, soit qu'ils fussent destinés à renfermer des épices ou des produits d'Orient (Inventaire de Sancenot, 1408. V. Baudot, *Études historiques sur la pharmacie en Bourgogne*. Dijon, 1905. — Inventaire de l'Apothicairerie de l'Hôtel-Dieu de Beaune, 1501. Société syndicale des Pharmaciens de la Côte-d'Or, *Bulletin* n° 4. Dijon, 1885). — La liste des séries de pots de pharmacie des collections publiques et privées et des hôpitaux a été donnée par Édouard Garnier pour Paris, *Gazette des Beaux-Arts*, 1er août 1888, et plus complètement par Dorveaux, *Les Pots de pharmacie, leurs inscriptions présentées sous forme de dictionnaire*, p. 34. Paris, Maloine, 1908 (ouvrage nécessaire pour le relevé de toutes les significations pharmaceutiques des inscriptions).

78. **Albarello** dont la panse est décorée d'une figure de femme de profil dont la silhouette est accentuée d'un trait bleu foncé, sur fond mi-bleu strié, mi-jaune, encadré d'une guirlande de feuillages et de fleurs. Devant le visage de la femme une bande porte verticalement en bleu sur fond blanc l'inscription : V | BĪĀCo | CĀF (Unguento bianco... = Onguent blanc...).

Au revers, traits entrelacés bleus sur fond blanc craquelé. — Inv. 6997. (Pl. XXXIII).

Art italien. Sienne, commencement du XVIe s.
H. 0m 22 ; L. 0m 13.

Hist. Vente E. Bonnaffé, 1897, Cat. n° 43.

Deux albarelli très analogues dans la coll. S. Bardac, Cat. nos 22-23. Il semble bien que le vase très semblable du Kunstgewerbe Museum de Berlin, marqué M° B (Maestro Benedetto de Sienne), 1505, permet d'attribuer toutes ces céramiques à l'atelier siennois.

79. **Albarello** dont la panse est décorée d'un oiseau à plumes bleues et à pattes brunes tenant serré dans son bec un serpent, sur fond mi-bleu strié, mi-jaune, encadré d'une guirlande de feuillages et de fleurs. Devant l'oiseau, une bande porte verticalement en bleu sur fond blanc l'inscription : LOCH | SĀVM | EXPE (Loch... Ex[tr...] Pe = Lok ou Looch de... Extrait de persil ou de persicaire). — Inv. 6998. (Pl. XXXIII).

Art italien. Sienne, commencement du XVIe s.
H. 0m 24 ; L. 0m 125.

Hist. Vente Bonnaffé, 1897, Cat. n° 44.

Un albarello tout à fait semblable est dans la coll. Pringsheim, Cat. Falke, nos 60-61, pl. 40, avec un lion en armoiries sur fond mi-bleu, mi-jaune.

6

80. **Plat** rond, à ombilic décoré d'une figure en buste de jeune homme de profil à gauche, coiffé d'une toque à quadrillés jaunes et motifs bleus, vêtu d'un manteau bleu sur une collerette jaune, sur fond strié de bleu. Autour de l'ombilic, le fond comporte des compartiments rayonnants alternés de rinceaux bleus à fleurs rouges et d'écailles bleues ponctuées de rouge, sur fond blanc. Marli à petit décor de fleurons bleus avec rehauts bruns.

Au revers, des traits bleus entrelacés sur fond blanc. — Inv. 6996. (Pl. XXXIV).

Art italien. Deruta, vers 1500.
Diamètre 0m 33.

Ce décor « a quartieri », entourant un médaillon central à figure, rappelle celui d'un très grand nombre de plats de Deruta lustrés. L'observation en avait déjà été judicieusement présentée par M. H. Wallis. Mais, malgré l'attribution qui en fut faite par M. Otto von Falke aux ateliers siennois dans ses deux grands catalogues des coll. Beckerath et Pringsheim, nous nous rangerons plutôt à l'avis de M. Bernard Rackham, dont la claire et logique démonstration tend à reconnaître dans toutes ces pièces de céramique l'art des ateliers de Deruta à leur début (*A new chapter of the history of italian Maiolica*, Burlington Magazine, avril 1915).

A rapprocher les pièces de la coll. Spitzer, Cat. nos 106, 187, 194 *bis* ; — de la coll. Wallis, *Early italian Maiolica*, fig. 30 et 78 ; — de la coll. Beckerath, Cat. Falke, no 350, pl. U.

81. **Vase** à deux anses en forme de balustre sur piédouche. Le haut de la panse et le col portent de chaque côté, entre deux tiges de fleurs retombantes, une figure d'homme coiffé d'un turban, et une figure d'homme, la tête ceinte d'une couronne de laurier ; les visages et les poitrines sont réservées en blanc lavé de bleu pâle ; les vêtements, les cheveux et les barbes en lustre chamois, de même que les fleurs. Une frise

circulaire de fleurs et de fruits stylisés et lustrés court autour de la panse, dont la partie inférieure est décorée de crochets lustrés (piédouche et une anse restaurés). — Inv. *6999*.

Art italien. Deruta, XVIe s.
H. 0m 33 ; D. 0m 27.

Hist. Vente Leroux, 1896, Cat. n° 20.

82. **Vase** à deux anses en forme de balustre sur piédouche. Le haut de la panse et le col portent de chaque côté, au milieu de rinceaux de feuilles, deux médaillons ovales renfermant chacun un cœur percé de deux flèches et surmonté d'une couronne à trois fleurons, en lustre chamois sur fond blanc lavé de bleu pâle. Une frise circulaire court autour de la panse, dont la partie inférieure et le piédouche sont décorés de crochets lustrés. — Inv. *7000*.

Art italien. Deruta, XVIe s.
H. 0m 30. L. 0m 27.

Hist. Vente Leroux, 1896, Cat. n° 21.

83. **Plat** rond, à ombilic décoré d'un oiseau au plumage bleu et lustré entre deux tiges de fleurs lustrées, sur fond blanc. Le fond autour de l'ombilic comporte un décor en compartiments rayonnants, alternés de fleurons de feuilles de palmiers et d'écailles en bleu et lustre sur fond blanc. Marli décoré de feuillages et de fleurs stylisés, bleus et lustrés sur fond blanc. — Inv. *7001*.

Art italien. Deruta, 1re partie du XVIe s.
Diam. 0m 34.

Hist. Vente Leroux, 1896, Cat. n° 19.

84. **Plat** rond, à ombilic décoré sur fond blanc d'une figure d'homme de profil à gauche, dessiné en bleu, vêtu et coiffé à l'antique; les détails du costume en lustre chamois, de même que la tige de fleurs dressée devant le visage. Enca-

drement mouluré de l'ombilic décoré d'un entrelacs de traits noir sur fond lustré.

Le fond du plat autour de l'ombilic comporte un décor en compartiments alternés de palmettes et d'écailles lustrées sur fond bleu.

Marli décoré d'un entrelacs de fleurettes lustrées sur fond bleu. — Inv. *7002*.

Art italien. Deruta, 1re partie du XVIe s.
Diam. 0^m^ 32.

Hist. Vente Leroux, 1896, Cat. n° 17.

85. **Pot** (taro) décoré de rinceaux à feuilles lustrées sur fond blanc crème. Deux listels bleus limitent au centre une frise circulaire décorée de quatre fleurons, de quatre folioles bleu foncé projetant deux boutons à chacun de leurs points de jonction. — Inv. *7003*.

Art hispano-moresque. Valence, XVe s.
H. 0^m^ 28 ; D. 0^m^ 14.

86-86 *bis*. **Pots** (taros) (**Paire de**) décorés de fleurs et de feuilles stylisées lustrées sur fond blanc crème. Deux tiges verticales bleu foncé finissant par un bouton projettent de grosses tulipes stylisées bleues à cœur jaune lustré. — Inv. *7004*.

Art hispano-moresque. Valence, XVe s.
H. 0^m^ 30 ; D. 0^m^ 12.

Cf. Wallis, *Oriental influence on Italian ceramic Art*. London, 1900, fig. 45. — Hispanic Society of America, *Hispano-moresque pottery*, 1915, pl. 26-30.

87. **Plat** rond à bords dentelés, décoré dans le fond sur fond blanc de rinceaux de fleurs bleu pâle stylisées, vigoureusement dessinées d'un trait noir épais. Au marli, de petits enroulements noirs sur fond bleu. Au revers, de petits arbustes bleus alternant avec des enroulements noirs sur fond blanc craquelé. — Inv. *7005*.

Art turc d'Asie Mineure, XVIe s. D. 0^m^ 33.

CINQUIÈME PARTIE

IVOIRES, ÉMAUX CHAMPLEVÉS
BRONZES ET CUIVRES
FERS ET ARMES, ARGENTERIE

PAR

J.-J. MARQUET DE VASSELOT

CONSERVATEUR-ADJOINT DES OBJETS D'ART
DU MOYEN AGE, DE LA RENAISSANCE ET DES TEMPS MODERNES

IVOIRES

88. **Triptyque.** — La plaque centrale et les deux volets sont divisés en trois zones horizontales, à arcatures ogivales, et surmontés de gâbles à crochets. Sur ces trois zones se déroulent six scènes de l'histoire de la Vierge, qui commencent par le bas. — *Rang inférieur :* La Nativité ; — L'Annonciation [*sic*] ; — L'Adoration des Mages ; — La Présentation au Temple. — *Rang du milieu :* Mort de la Vierge (elle est étendue sur un lit, au centre, et entourée des Apôtres ; derrière elle le Christ debout la bénit et emporte son âme, figurée par un enfant). — *Rang supérieur :* Saint Paul ; un ange portant un chandelier (brisé). — Le Couronnement de la Vierge (Jésus et Marie sont assis sur un trône et accompagnés de deux anges qui agitent des encensoirs ; un troisième ange tient une couronne au-dessus de Marie). — Un ange portant un chandelier (brisé) ; saint Pierre. — Ivoire à patine jaune assez foncée. — Inv. 6931. (Pl. XXXV).

Art français, commencement du XIVe s.
H. 0m 20 ; L. totale (ouvert) 0m 195.

Hist. Provient d'une collection particulière de Saint-Pierre d'Albigny (Savoie).

Bibl. R. Kœchlin, *Les retables français en ivoire du commencement du XIVe siècle* ; *Monuments et Mémoires, Fondation Piot*, vol. XIII, 1906, p. 74 et fig. 4. — Voir le n° suivant.

89. **Triptyque.** — La plaque centrale et les volets sont divisés en trois zones horizontales, à arcatures ogivales, et surmontés de gâbles à crochets. Sur ces trois zones se déroulent six scènes de l'histoire de la Vierge, comme au n° précédent. — *Rang inférieur :* L'Annonciation ; La Présentation au Temple ; — L'Adoration des Mages ; — La Nativité

88. — Triptyque. Art français, XIVe s.

PL. XXXVI.

89. — Triptyque. Art français, xiv^{e} s.

Pl. XXXVII.

90. — Valve de miroir.
Art français, XIVe s.

91. — Boîte.
Art hispano-arabe, XIVe s. (?).

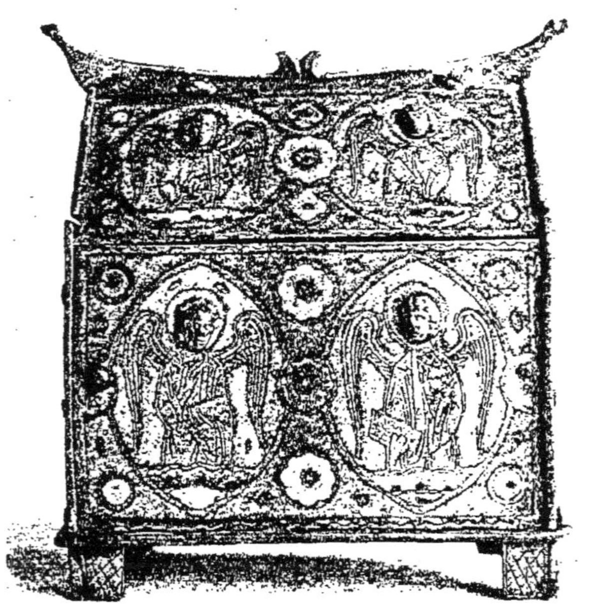

92. — Boîte aux saintes huiles.
Art limousin, XIIIe s.

93. — Pyxide.
XIIIe s.

[sic]. — *Rang du milieu :* La Mort de la Vierge, entourée des Apôtres ; Jésus emporte son âme. — *Rang supérieur :* Saint Pierre ; un ange agenouillé tenant un cierge. — Le Couronnement de la Vierge. — Un ange agenouillé tenant un cierge ; saint Paul. — Traces de polychromie. — Inv. *6982*. (Pl. XXXVI).

Art français, commencement du XIVe s.
H. 0m245 ; L. totale (ouvert) 0m182.

Hist. Anciennes collections Bouvier (d'Amiens) et Foulc.
Bibl. J.-J. Marquet de Vasselot, *Les Arts*, août 1903, art. cité, fig. p. 13. — R. Kœchlin, *art. cité* (voir le no précédent).

Ce triptyque se rattache au groupe des « Tabernacles de la vie de la Vierge » ; un dérivé de cet atelier, représentant des scènes de la Passion, d'un type presque identique à celui du présent ivoire, fait partie de la collection de M. Werner Weisbach à Berlin (anc. coll. Spitzer). La pièce la plus complète de ce genre semble être le grand polyptyque de la collection Basilewsky au Musée de l'Ermitage, à Pétrograd. Le triptyque de la collection de M. Martin Le Roy, à Paris, et celui de la bibliothèque d'Amiens représentent toutes les scènes de l'histoire de la Vierge, dans un style très analogue.

90. **Valve de miroir**, de forme ronde, cantonnée de quatre lions en ronde bosse, dont deux ont été brisés. Elle représente, en assez haut relief, le siège du château d'Amour. Au centre, au bas, la porte du château fort, au-dessus duquel s'élèvent deux terrasses superposées. A la terrasse inférieure, les dames accueillent des chevaliers qui sont montés à l'assaut ; à l'étage supérieur, l'Amour ailé, tenant deux flèches, et accompagné de quatre personnages. A droite et à gauche du château fort, des chevaliers montent à l'assaut, laissant leurs chevaux au premier plan. — Revers creux, mouluré. — Ivoire à patine brune. — Inv. *6983*. (Pl. XXXVII).

Art français, XIVe s.
D. 0m130.

Bibl. Exposition rétrospective de l'art français, Paris, 1900; *Catalogue sommaire*, n° 160 ; *Catalogue illustré*, fig. p. 21. — E. Molinier et F. Marcou, *Exposition rétrospective de l'art français, des origines à 1800* (Paris, s. d., in-fol.), fig. p. 8. — J.-J. Marquet de Vasselot, art. cité, *Les Arts*, août 1903, fig. p. 12.

Un miroir presque identique est conservé au Victoria and Albert Museum de Londres (nos 1617.55) ; un autre, avec variantes, fait partie du trésor de Rein (Autriche).

91. **Boîte** cylindrique à couvercle plat, à monture en cuivre doré. Sur les parois unies se détachent, à la face antérieure, des décorations en bas-relief : sur la caisse de la boîte, un compartiment rectangulaire, échancré aux angles, couvert de grands rinceaux sur lesquels sont disposés, affrontés, des quadrupèdes et des oiseaux. A la tranche du couvercle, frise d'ornements stylisés. (La plaque du couvercle, à décor gravé, est moderne).

La boîte est garnie de montures et d'anneaux en cuivre doré ; celle de la partie antérieure forme moraillon et vient s'ajuster sur la plaque de la serrure (gravée et dorée ; moderne), qui est ménagée à la partie supérieure du bas-relief de la caisse — Inv. *6934*. (Pl. XXXVII).

Art hispano-arabe, xive s. (?).
H. 0m 145 ; D. 0m 142.

Hist. Anc. coll. Spitzer.

Bibl. *La collection Spitzer*, vol. I (Paris, 1890, in-folio), n° 106, fig. p. 60. — Cat. de la vente Spitzer (Paris, 1893, in-4°), vol. I, n° 146, p. 26 et pl. III. — Exposition des Arts Musulmans ; *Catalogue descriptif*, par MM. Migeon, Van Berchem et Huart (Paris, 1903, in-12), n° 17. — G. Migeon, *Exposition des arts musulmans au Musée des Arts Décoratifs* (Paris, 1903, in-folio), pl. VII. — *Les Arts*, août 1903 (art. cité), fig. p. 14.

On a généralement attribué cette boîte à l'art espagnol et au xive siècle ; il serait intéressant de pouvoir la comparer à des pièces analogues dont la provenance et la date aient été déterminées très exactement.

ÉMAUX CHAMPLEVÉS

92. **Boîte** aux saintes huiles, en cuivre champlevé, émaillé et doré. En forme de caisse rectangulaire, surmontée d'un toit à deux rampants.

Face. Caisse : sur un fond bleu, semé de rosaces, se détachent deux médaillons à fond bleu-verdâtre, contenant chacun un ange à mi-corps, tenant un livre, réservé, gravé et doré, avec tête en relief. — Toit : deux médaillons de même, contenant chacun un ange.

Revers : à la caisse et au toit, fond d'émail bleu, quadrillé, semé de rosaces émaillées.

Pignons : à la caisse, sur fond bleu, un médaillon rond contenant un ange à mi-corps, réservé, gravé et doré, sur fond bleu-verdâtre. — Au toit, sur un fond bleu, une fleur stylisée, émaillée.

Le toit ouvre à charnière, formant couvercle ; au revers, fermeture à moraillon. (Crête moderne.) — Inv. *6935.* (Pl. XXXVIII).

Art limousin, XIIIe s.
H. 0^{m} 127 ; Long. 0^{m} 105 ; Larg. 0^{m} 07.

Hist. Provient de Neuville (Corrèze).
Bibl. E. Rupin, *L'œuvre de Limoges* (Paris, 1890, in-4°), p. 145-146 et fig. 194.

Peu de boîtes aux saintes huiles, de fabrication limousine, sont parvenues jusqu'à nous ; celle-ci présente, à cause de sa rareté, un réel intérêt archéologique.

93. **Pyxide** en cuivre champlevé, émaillé et doré ; de forme cylindrique ; le couvercle plat, crénelé, muni d'un bouton, ferme à baïonnette. Le pourtour de la pyxide est décoré de douze arcatures ogivales, abritant les douze apôtres qui se détachent, réservés et niellés, sur des fonds d'émail alter-

nativement rouge et bleu. — Couvercle : autour d'une sorte d'étoile à six pointes, dont les côtés forment des arcatures, six animaux fantastiques, réservés et dorés, sur fond d'émail bleu.

Intérieur : Sous le couvercle, décor analogue à celui du dessus du couvercle, mais rayonnant autour d'un médaillon central, contenant aussi un animal fantastique. Au fond de la pyxide, un grand médaillon émaillé, rond, divisé en deux zones horizontales et représentant le Jugement dernier : à la partie supérieure, le Christ assis, entre la Vierge et saint Jean agenouillés, et deux anges debout, tenant la croix et la lance de la Passion ; à la partie inférieure, la Résurrection des morts. — Inv. *6936*. (Pl. XXXVIII).

Fin du XIIIe s.
H. 0m 105 ; D. 0m 098.

Hist. Ancienne collection Tollin.

Bibl. Catal. vente Tollin, Paris, 1897, n° 55. — *Exposition universelle de Paris, 1900*, n° 2616. — *Les Arts*, juillet 1903, art. cité, fig. p. 27. — J.-J. Marquet de Vasselot, *L'orfèvrerie et l'émaillerie aux XIIIe et XIVe siècles*, dans l'*Histoire de l'art* dirigée par M. André Michel, t. II, II (1906), p. 975-976.

Cette pyxide (?) constitue, avec deux autres pièces analogues conservées au Victoria and Albert Museum de Londres, un petit groupe très homogène, qui mériterait une étude détaillée. (Ces deux dernières ont jadis fait partie des collections Debruge-Duménil, Soltykoff et Morland).

Les archéologues qui les ont étudiées semblent avoir été assez embarrassés pour leur assigner une origine ; on les a attribuées tantôt à l'art italien, tantôt à l'art limousin, et l'on a même songé à l'atelier viennois, récemment identifié. Leur caractère assez particulier explique ces hésitations, car elles diffèrent un peu, tant par leur dessin que par leur couleur, des émaux champlevés qu'on voit habituellement. Si leur style interdit de leur assigner une origine italienne, il ne permet guère davantage de les donner à l'école limousine. Mais comme, d'autre part, elles se rattachent certainement à l'art français, on devrait chercher, sinon en France, du moins parmi les ateliers sur lesquels notre pays a exercé une influence prépondérante. Dans l'état actuel de nos connaissances nous n'oserions pas proposer une attribution formelle. Nous avions été tenté de les rapprocher de l'école lorraine, encore mal connue. Mais peut-être serait-il préférable de songer à l'Espagne, qui non seulement a importé un grand nombre de pièces limousines, mais qui a possédé des ateliers d'émaillerie champlevée. Les explications que comporteraient ces diverses hypothèses ne sauraient, bien entendu, trouver place ici.

BRONZES ET CUIVRES

94. **Chandelier** en cuivre jaune, à patine claire. Groupe composé d'un lion debout, la tête retournée vers sa droite, la queue enroulée autour de sa cuisse droite ; sur le dos de l'animal est monté, à califourchon, un homme imberbe, nu-tête, vêtu d'une robe serrée à la taille, qui appuie sa main droite sur sa hanche et qui, de la main gauche relevée, soutient entre ses épaules une tige feuillue qui supporte un binet (moderne) surmonté d'une pointe. — Inv. 6937. (Pl. XXXIX).

Art flamand (?), XIIIe s.
H. 0[m] 285 ; Long. 0[m] 17.

Hist. Anc. coll. Spitzer et Antocolsky.
Bibl. Catal. vente Spitzer, Paris, 1893, n° 971 et pl. XXVIII. — Catal. vente Antocolsky, Paris, 1901, n° 183, pl. p. 18. — *Les Arts*, août 1903, art. cité, fig. p. 14.

Bien qu'un certain nombre d'objets de ce genre soient parvenus jusqu'à nous, on ne les a pas encore étudiés comme ils le mériteraient, et on ne sait rien de précis ni sur leur origine, ni sur leur date. On dit souvent qu'ils ont été fabriqués à Dinant, parce qu'on attribue volontiers à cette ville (peut-être à tort, pour cette époque) tous les petits ustensiles en bronze.

Les pièces analogues peuvent être réparties en deux séries. D'abord celle où le lion a la tête droite et où le cavalier pose (ou non) une main sur la tête de sa monture ; tels sont notamment les bronzes : du musée du Louvre (où le lion est à demi assis) ; de la coll. Martin Le Roy (*Catal. raisonné*, vol. III, Bronzes, pl. II) ; de l'anc. coll. Sigismond Bardac (*Coll. S. Bardac*, Paris, 1913, in-4° ; n° 32, pl.). — D'autre part, celle où le cavalier ouvre la gueule du lion, ce qui permettrait peut-être de voir là une représentation de Samson ; tels sont notamment les bronzes : du Victoria and Albert Museum (legs Salting, anc. coll. Heckscher) ; du Musée des Antiquités de la Seine-Inférieure, à Rouen ; de l'anc. coll. Spitzer (*La coll. Spitzer*, vol. IV, 1892 ; pl. I, n° 4 ; Catal. vente Spitzer, 1893, n° 970 et pl. XXVIII).

95. **Aquamanile** en forme de lion. L'animal est debout sur ses quatre pattes, la tête droite (la queue a été brisée). Une ouverture carrée, percée au sommet de la tête, servait à introduire le liquide, qui s'écoulait par un petit tube fixé sur le front. L'anse est formée par un animal fantastique dont la queue repose sur la croupe du lion, tandis que la tête et les pattes s'appuient contre sa nuque. (Le visage du lion a été réparé). — Cuivre jaune, à patine claire. — Inv. *6938*.

Art flamand (Dinant ?), XIVe s.
H. 0m 28 ; L. 0m 265.

Hist. Anc. coll. Antocolsky.
Bibl. Catal. vente Antocolsky, Paris, 1901, n° 185, pl. p. 18. — *Les Arts*, août 1903, art. cité, fig. p. 14.

Les remarques faites à propos du n° précédent conviendraient également à celui-ci. On pourrait s'étonner en constatant qu'une série aussi curieuse et aussi variée n'a encore fait l'objet d'aucune étude spéciale, si l'on ne connaissait l'une des principales raisons qui ont découragé les chercheurs : à savoir le nombre considérable de pièces fausses qui ont été fabriquées depuis une trentaine d'années, grâce notamment au surmoulage. — Une des meilleures séries d'aquamaniles est celle du Musée de Copenhague, formée avec les trésors des églises danoises.

Pl. XXXIX.

94. — Chandelier, XIIIe s.

96. — Aquamanile, XIVe s.

Pl. XL.

104. — Baigneuse, par Jean Bologne.

Pl. XLI.

106. — Médaillon.
Art français, XVIe s.

99. — Encrier.
Art italien, XVe-XVIe s.

Pl. XLII.

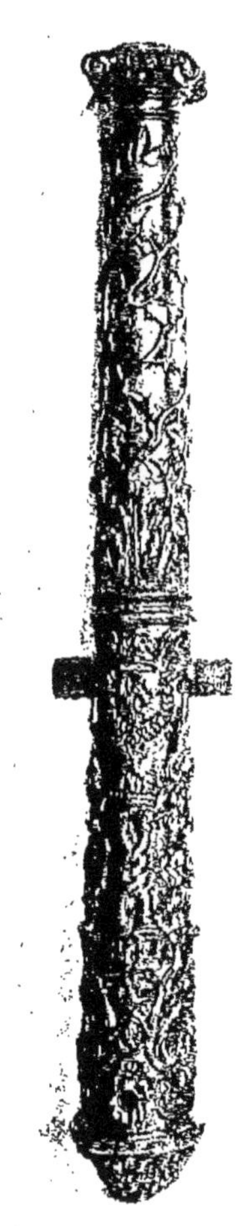

103. — Petit canon.
Art français, XVIe s.

121. — Présentoir.
Art allemand (?), XVIe s.

96. **Aquamanile** en forme de lion. L'animal est debout sur ses quatre pattes, la tête retournée vers sa droite, la gueule ouverte. L'anse est formée par un animal fantastique, appuyé sur la croupe et contre la nuque du lion, dont la queue relevée s'appuie contre celle du monstre. Une ouverture carrée, percée au sommet de la tête du lion, servait à introduire le liquide, qui s'écoulait par deux tubes qui sortent sous l'oreille gauche. — Cuivre jaune, à patine claire. — Inv. 6939. (Pl. XXXIX).

Art flamand (Dinant?), XIVe s.
H. 0^{m} 26 ; L. 0^{m} 315.

Hist. Anc. coll. Antocolsky.
Bibl. Catal. vente Antocolsky, Paris, 1901, n° 184, pl. p. 18. — *Les Arts*, août 1903, art. cité, fig. p. 14.

Voir le n° précédent.

97. **Chandelier**. Sur une base ronde, moulurée, reposant sur trois pieds coudés, s'élève une tige cylindrique, à nœud, qui porte un large bobéchon rond, surmonté d'une pointe. Sur la base est gravée, en minuscules gothiques, l'inscription : ✠ *: par : Jehan : de : diion : asaint: seures :* — Cuivre jaune, à patine claire. — Inv. 6940.

Art français, XVe s.
H. 0^{m} 25 ; D. 0^{m} 10.

Hist. Anc. coll. du baron Jérôme Pichon.
Bibl. Catal. vente J. Pichon, Paris, 1897, n° 830.

98. **Encrier** en forme de boîte rectangulaire, portée par quatre pieds à griffes, surmontés de feuillages. Chacun des deux grands côtés est décoré de deux centaures affrontés, portant sur leurs dos deux femmes nues, et tenant devant eux deux cornes d'abondance, qui encadrent une tête ailée, vue de face. A chacun des deux petits côtés, une tête de Méduse, ailée, vue de face. — Bronze à patine brune. — Inv. 6941.

Art de l'Italie du Nord, fin du XVe s. ou début du XVIe.
H. 0^{m} 08. Long. 0^{m} 225. Larg. 0^{m} 132.

Hist. Anc. coll. Leclanché.

Bibl. Catal. vente Leclanché, Paris, 1892, n° 163.

Il existe plusieurs exemplaires (avec variantes) de cet encrier, que l'on a attribué à Caradosso ; voir notamment ceux du Musée national de Florence (W. Bode, *Die italienischen Bronzestatuetten der Renaissance*, pl. CXXXI) ; du Kaiser-Friedrich-Museum de Berlin (Bode, *Die italienischen Bronzen*, 1904 ; n° 1416 et pl. LXXXI), et du Musée du Louvre (*Catal. des Bronzes et Cuivres*, 1904 ; n° 35 et fig.).

99. **Encrier** formant flambeau. Il est composé d'un triton, qui serre entre ses genoux une coquille, et qui renverse le torse en arrière, se débattant contre un serpent qui s'est enroulé autour de son bras gauche et qui lui mord le sein gauche. Derrière le triton, sur l'extrémité de sa queue enroulée, se dresse le flambeau, formé d'une tige à balustre qui supporte un bobéchon. — Bronze à patine brune. — Inv. *6942*. (Pl. XLI).

Art italien (Padoue), fin du xve s. ou début du xvie.
H. 0[m] 16 ; L. 0[m] 185.

Il existe plusieurs exemplaires de ce bronze, avec diverses variantes ; nous citerons seulement ceux du Kaiser-Friedrich-Museum de Berlin (W. Bode, *Die italienischen Bronzen*, 1904 ; n°s 344, 345, et pl. XIX) et celui de la collection Martin Le Roy (*Catalogue raisonné*, vol. III, Bronzes, n° 13 et pl. VIII).

100. **Chandelier** en forme de sirène. La sirène est dressée sur un pied en forme de griffe d'oiseau (rapporté). Ses deux queues sont relevées et passent par-dessus ses bras ; de ses deux mains levées elle tient deux bobéchons (modernes). — Bronze à patine claire. — Inv. *6943*.

Art italien (école de Riccio), xvie s.
H. 0[m] 275 ; L. 0[m] 19.

Bibl. *Les Arts*, juillet 1903, art. cité, fig. p. 27.

Les ateliers padouans semblent avoir fabriqué un nombre assez considérable de figures de ce genre ; parmi les meilleures, nous citerons celle de l'Ashmolean Museum, à Oxford, et de l'ancienne collection Foulc, à Paris (W. Bode, *Italienische Bronzestatuetten der Renaissance*, p. 28 et pl. L).

101. **Chandelier** en forme de lansquenet. Sur une base ronde, moulurée, à gorge profonde, se dresse un lansquenet ; il est debout sur deux petites cornes qui s'élèvent au-dessus de la base. Il est vêtu d'une armure à l'antique, et casqué ; du bras droit levé il brandit son épée au-dessus de sa tête ; de la main gauche il porte un bobéchon (moderne). — Bronze à patine brune. — Inv. *6944*.

Art allemand, XVIe s.
H. 0^{m} 265 ; D. 0^{m} 13.

Des statuettes analogues figurent dans diverses collections, publiques et privées : plusieurs sont reproduites notamment dans *L'art ancien à l'exposition nationale belge* (Bruxelles, 1882, gr. in-8°), p. 85 à 89.

102. **Horloge** de table, en bronze doré. Le mouvement est contenu dans une boîte ronde, montée sur un pied. La boîte est décorée de rinceaux et d'ornements gravés, et, sur sa tranche, de médaillons ajourés qui alternent avec des mascarons à têtes de bouc, en haut relief (rapportés). Sur le plateau supérieur de la boîte, un cadran en argent gravé et émaillé, au centre duquel se dresse une statuette de femme, en bronze doré, tenant une longue aiguille. L'horloge est supportée par un pied à balustre (dont la partie inférieure est moderne). — Inv. *6945*.

H. 0^{m} 22 ; D. 0^{m} 12.
Art allemand, fin du XVIe s.

103. **Canon** (**Petit modèle de**). Il a la forme d'une colonne et est muni de deux tourillons. La culasse, percée d'une lumière, est décorée en léger relief de rinceaux, de car-

touches et de trophées, au milieu desquels se détachent un écu aux armes de France, entouré du collier de saint Michel, et les deux colonnes entrelacées, surmontées d'une couronne fleurdelisée, qui sont l'un des emblèmes du roi Charles IX. A l'extrémité de la culasse, trois masques de satyres ; (le bouton terminal a été brisé). La volée du canon est couverte de feuillages stylisés et de branchages en demi-relief ; elle se termine, à la bouche, par une sorte de chapiteau ionique. — Bronze à patine brune. — Inv. 6946. (Pl. XLII).

L. 0m442 ; Calibre 0m015.
Art français, 1560 à 1574.

Hist. Anc. coll. Spitzer.
Bibl. *La collection Spitzer*, vol. VI (Paris, 1892, in-fol.), n° 534 et pl. XLVIII. — *Catalogue des armes et armures faisant partie de la collection Spitzer* (Paris, 1895, in-4°), n° 303. — *Les Arts*, août 1903, art. cité, fig. p. 8.

104. **Baigneuse**. Femme nue, debout sur la jambe droite, le pied gauche relevé et appuyé sur une base triangulaire. De la main gauche elle s'essuie le sein gauche avec un linge ; de la main droite elle retient un linge enroulé, passé sur sa jambe gauche. — Bronze à patine brune. — Inv. 6947. (Pl. XL).

H. 0m33.
Par Jean Bologne (1524-1608).

L'atelier de Jean Bologne a souvent répété cette statuette, mais peu d'exemplaires sont aussi parfaits que celui-ci. On en trouvera d'autres, notamment, aux musées des Offices et du Bargello, à Florence ; au musée de Modène ; au British Museum, à Londres ; aux musées de Vienne et de Berlin, etc. Cf. W. Bode, *Die italienischen Bronzen*, n° 283 et pl. XIV. — J. von Schlosser, *Werke der Kleinplastik in der Skulpturensammlung des A. H. Kaiserhauses*, vol. I (Vienne, 1910, in-4°), p. 10 et pl. XXVII.

Le Louvre et la coll. Wallace possèdent des copies flamandes de cette figure, en buis.

105. **Médaille** de Louis XII et d'Anne de Bretagne. — Louis XII, en buste, de profil à droite, coiffé d'un bonnet et couronné ; champ fleurdelisé. En exergue : + FELICE. LUDOVICO · REGNÃTE · DVODECIMO · CESARE · ALTERO · GAVDET · OMNIS · NACIO · (un lion passant).

Revers : Anne de Bretagne, en buste, de profil à gauche, coiffée d'un chaperon et couronnée; champ semé de fleurs de lis et d'hermines. En exergue : + LVGDVN · RE · PV-BLICA · GAVDĒTE · BIS · ANNA · REGNANTE · BENI-GNE · SIC · FVI · CONFLATA · 1499. (un lion passant). — Inv. *6948*.

D. 0m 113.
Art français, 1500 (n. s.).

Cette médaille fut exécutée par Nicolas Leclerc, Jean de Saint-Priest et Jean Lepère, à Lyon, pour l'entrée de la reine, le 15 mars 1500. — F. Mazerolle, *Les médailleurs français du XVe siècle au milieu du XVIIe* (Paris, 1902, in-4°), n° 27 et pl. III.

106. **Médaillon** rond. Le chancelier de Birague, en buste, de profil à droite : il est nu-tête, barbu, le cou serré dans une fraise, vêtu d'un manteau à col de fourrure. En exergue : RENETVS · BIRAGVS · FRANCIÆ · CANCELARIVS · ANNO · ETATIS · SVÆ · LXX. — Bronze à patine brune. Sans revers. — Inv. *6949*. (Pl. XLI).

D. 0m 198.
Art français, vers 1577 ; attribué à Germain Pilon.

René de Birague, né en 1507, mourut en 1583. — F. Mazerolle, *ouvr. cité*, n° 241 et pl. XV ; (autre exemplaire, avec variantes).

107. **Petit bassin** en cuivre gravé, jadis incrusté d'argent et d'or. Il est de forme ronde, légèrement rétréci à l'ouverture. Sur l'épaule, une bande décorée d'une inscription en caractères cursifs, coupée par six médaillons à palmettes, et

se détachant sur un fond de petits feuillages ; (elle donne les titres protocolaires d'un personnage [non nommé] de la suite d'un sultan égyptien). Au fond sont gravés trois poissons. — Inv. *6950*.

D. 0m 14.
Art égyptien (Le Caire), XIVe s.

Hist. Anc. coll. Jalabert.

108. **Aiguière** en cuivre gravé, jadis incrusté d'argent. Un pied conique, à base ronde, supporte la panse sphérique, surmontée d'un col élancé que ferme un couvercle hémisphérique. Le bec est formé par un lion assis, tenant dans sa gueule le goulot. Anse recourbée. (Le couvercle et le bord de la base sont modernes). — Inv. *6951*. (Pl. XLVI).

H. 0m 265 ; L. 0m 145.
Art vénitien, vers 1500.

Hist. Anc. coll. Bonnaffé.
Bibl. Catal. vente Bonnaffé, Paris, 1897, n° 157.

109. **Grand bassin**, de forme ronde, en cuivre gravé et jadis incrusté d'argent. Il est entièrement couvert d'un fin réseau d'entrelacs et d'ornements stylisés. — Inv. *6952*.

D. 0m 44.
Art vénitien, XVIe s.

Hist. Acq. à la vente Lelong.
Bibl. Catal. vente Lelong, Paris, 1902, n° 218.

Un bassin analogue, signé par un Grec de Corfou et daté 1550, est conservé au Musée des Arts industriels de Vienne. — G. Migeon, *Manuel d'art musulman* (Paris, 1907, in-8°), fig. 181.

FERS ET ARMES

110. **Porte-cierges** en fer forgé. Sur un trépied à base ronde (moderne?), se dresse une tige verticale, à nœud, au sommet de laquelle la couronne de lumières repose et tourne sur un chapiteau à trois volutes. La couronne, hexagonale, est supportée par des consoles fleurdelisées ; chacune de ses faces est décorée d'inscriptions ajourées, en minuscules gothiques, et est surmontée de pointes et de bobèches (en partie cassées). Plus haut que la couronne, un second et petit étage de lumières, à trois bobèches. — Inv. *6958*.

H. 1m 71 ; L. 0m 54.
Art flamand, xv° s.

Hist. Acq. à la vente Stein.
Bibl. Catal. vente Ch. Stein, Paris, 1899, n° 192.

L'inscription ajourée est composée de six bandes rectangulaires, dont certaines ont été déplacées et mal remontées (le mot *digna* est retourné), ou mêmes changées, ce qui a dénaturé son sens. On lit : (un calice surmonté d'une hostie) *o vere* | *digna* | *hostia* | *per quam* | *fracta* | *ut* [?] *tartara*.

Cette couronne de lumières fait partie d'une série de pièces très homogène, qui ont été fabriquées en Flandre ; on peut [?] en voir d'analogues (avec inscriptions ajourées) à l'église de Deux-Acren, et (sans inscriptions) dans les églises de Lierre, Tournai, Ypres, etc. — Deux autres (avec inscriptions) ont fait partie de la coll. Hochon ; cf. Catal. vente B. Hochon, Paris, 1903, nos 35 et 36, fig. — Une dernière, d'un style plus tardif, est [?] conservée dans l'église d'Erwetegem ; elle porte la date : 1549.

111. **Coffret** en fer forgé, de forme rectangulaire, à couvercle plat. La face et les deux côtés latéraux sont décorés d'arcatures gothiques en haut relief. A la face antérieure, serrure à moraillon ; l'entrée de clef est cachée par une pièce

mobile, ornée d'un écu semé de fleurs de lis, à un lambel de quatre pendants, et surmonté d'une couronne. La face postérieure est décorée, plus simplement, d'une plaque de fer à ornements ajourés et est munie de deux passants pour courroies. Le couvercle est décoré, au centre, d'un compartiment rectangulaire contenant deux rosaces ajourées, auxquelles est fixée une poignée mobile. Ce compartiment central est encadré de plaques ajourées, dont trois côtés simulent des arcatures et des motifs architecturaux ; le quatrième côté (au sommet) porte une inscription ajourée, en minuscules gothiques : *Amis Ames Amie Aves.* Aux deux extrémités de l'inscription étaient fixés deux écus armoriés en relief, dont un seul subsiste ; il porte : mi-parti, à dextre, de... à trois fleurs de lis de... [France moderne] ; et à senestre, de... semé de fleurs de lis de..., à un lambel de... à quatre pendants. — Inv. 6954. (Pl. XLIII).

H. 0m 13 ; Long. 0m275 ; Larg. 0m 205.
Art français, seconde moitié du XIVe s.

Hist. Acq. à la vente Lelong.

Bibl. Vente Lelong, Paris, 1902, n° 152, fig. p. 38. — *Les Arts*, juillet 1903, art. cité, fig. p. 29.

D'après MM. Chassant et Tausin (*Dictionnaire des devises historiques et héraldiques*, Paris, 1878, in-12 ; vol. I, p. 15), cette devise est celle de Marguerite de France, comtesse de Flandre. Cette princesse, fille de Philippe V le Long, épousa en 1320 Louis II, comte de Flandre (tué à la bataille de Crécy, 1345), et mourut le 9 mai 1382.

112. **Porte** (Petite) en fer forgé. Elle est rectangulaire, avec la partie supérieure en forme d'accolade. Tout le fond est divisé en losanges, contenant chacun un fenestrage gothique ajouré. Encadrement formé d'une bande décorée de feuillages entourant des branches. — Inv. 5955.

H. 0m 125 ; L. 0m 46.
Art espagnol, fin du XVe s. ou début du XVIe.

Pl. XLIII.

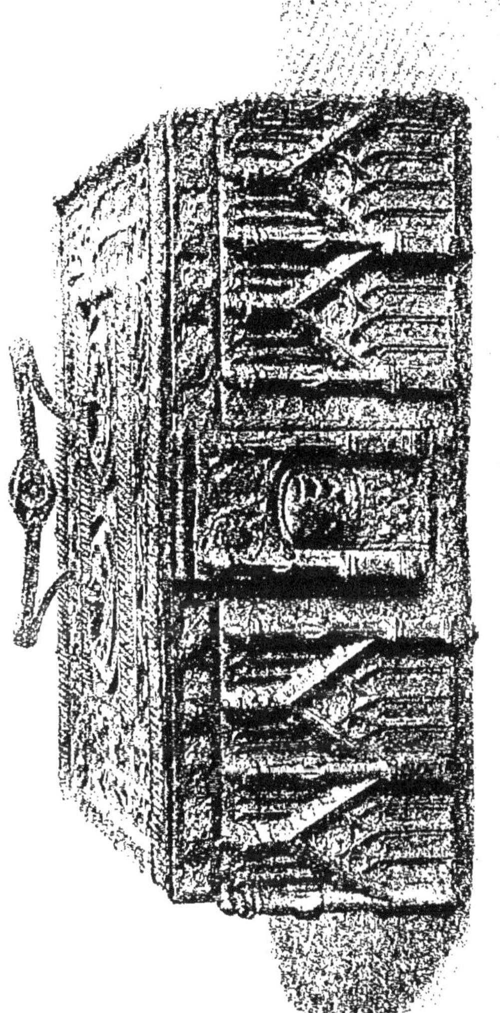

111. — Coffret. Art français, XIVe s.

Pl. XLIV.

119. — Pupitre. Art espagnol, XVIe s.

Pl. XLV.

120. — Cabinet. Art italien. XVIe s.

Pl. XLVI.

124. — Aiguière.
Art français, XVIe s.

108. — Aiguière.
Art vénitien, vers 1500.

Hist. Acq. à la vente Stein.
Bibl. Catal. vente Ch. Stein, Paris, 1899, n° 196, fig. p. 42.

113. **Targette** en fer forgé. Elle est formée d'un cadre rectangulaire, à la partie inférieure duquel se trouve une L découpée, dont la haste est traversée par une couronne fleurdelisée. A la partie supérieure, une gaîne ajourée, dans laquelle coulisse un verrou muni d'un bouton (moderne). — Inv. *6956*.

H. 0m 11 ; L. 0m 115.
Art français, commencement du XVIe s.

114. **Targette**. Elle a la forme d'une lettre F, surmontée d'une couronne fleurdelisée et accompagnée d'une branche feuillue. Dans la traverse médiane de l'F, qui est ajourée, coulisse le verrou, auquel est fixée une pendeloque (moderne). — Inv. *6957*.

H. 0m 145 ; L. 0m 08.
Art français, première moitié du XVIe s.

Il existe d'autres exemplaires de cette targette, dite « verrou de François Ier ». — Ch. Loquet, *Essai sur la serrurerie à travers les âges* (Rouen, 1908, in-8°), p. 122 et pl. XXVI.

115. **Targette** en fer forgé, en forme de plaque rectangulaire, en hauteur. Sa platine est entièrement couverte d'ornements exécutés au repoussé : au bas, deux grotesques à torses de femmes, adossés à une tige d'où s'échappent des rinceaux symétriques, terminés à la partie supérieure par deux têtes d'hommes barbus. Sous la platine, au milieu, coulisse un verrou dont le bouton est formé par un buste de guerrier. — Inv. *6958*.

H. 0m 15; L. 0m 068.
Art français, première moitié du XVIe s.

Cette targette est presque identique à une autre qui est entrée au Louvre en 1856, avec la donation Sauvageot (n° C. 247 de la

Notice des objets de bronze, cuivre, etc., par L. Clément de Ris, 1874); Sauvageot croyait que celle-ci, — comme plusieurs autres analogues, de sa collection, — provenait du château d'Écouen; mais nous ne saurions dire quelle peut être la valeur de cette hypothèse.

Une autre targette très analogue a fait partie de la collection de M. Vermeersch (*L'art ancien à l'exposition nationale belge*, Bruxelles, 1882, gr. in-8°; fig. p. 187).

116. **Targette** en fer forgé. Pendant du n° précédent. La platine est décorée, au bas, d'un petit génie nu, debout, de face, accompagné de rinceaux et soutenant au-dessus de sa tête une sorte de candélabre, au sommet duquel sont affrontés deux griffons. Sous la platine, au milieu, coulisse un verrou, dont le bouton est formé par un buste de guerrier. — — Inv. *6959*.

H. 0m 143; L. 0m 066.
Art français, première moitié du XVIe s.

117. **Petit heurtoir** (?) en fer forgé et ciselé. Il est formé d'une poignée à double volute, et muni de son crampon. La face est décorée, au centre, d'un écu armorié, aux deux côtés duquel sont disposés symétriquement des trophées d'armes, un buste d'homme et deux dauphins. Sur la tête du crampon, un mascaron — Inv. *6960*.

H. 0m 10; L. 0m 14.
Voir le numéro suivant.

118. **Petit heurtoir** (?) en fer forgé et ciselé. Pendant du numéro précédent, sans crampon. Même décor, mais les armoiries diffèrent. — Inv. *6961*.

H. 0m 10; L. 0m 14.

Ces deux objets, qu'on a parfois qualifiés de « poignées de coffres », portent des armoiries qui semblent être des variantes de celles des Colleone, de Bergame.

119. **Pupitre** en fer forgé, rehaussé de dorure. Dans un cadre horizontal, rectangulaire, supporté par quatre pieds, articule le plan mobile destiné à supporter le livre. Au sommet de ce plan, une frise ajourée, ornée de moulures et surmontée de sept petits balustres dorés; la partie médiane, qui articule aussi, est formée de trois pilastres et quatre colonnettes montés sur une traverse ; à la base de ce plan, une colonnette transversale. Au bas de la face du pupitre, pour supporter le livre, un plan incliné, étroit, rectangulaire; il est ajouré et orné de trois médaillons en relief, représentant un buste de femme, de trois-quarts à gauche, et deux têtes d'hommes, de profil. — Inv. *6962*. (Pl. XLIV).

H. 0m 32 ; Long. 0m 37 ; Larg. 0m 33.
Art espagnol, milieu du XVIe s.

On peut rapprocher ce pupitre des grilles en fer forgé qui décorent tant d'églises espagnoles, et dont certaines sont datées. Voir notamment les grilles de Burgos, de Grenade, de Séville, de Tolède, toutes antérieures à 1550. — A. Byne and M. Stapley, *Rejeria of the spanish renaissance* (New-York, 1914, in-fol. pl.).

120. **Cabinet** en fer repoussé, damasquiné, doré, et incrusté d'argent. Il est contenu dans une caisse rectangulaire en ébène. Sa face antérieure est divisée, dans un décor architectural à l'antique avec colonnes et termes, en plusieurs tiroirs disposés autour d'une porte centrale. Au milieu, entre deux colonnes cannelées, la porte, sur laquelle est représenté Apollon debout, tenant une viole de gambe (?) et appuyant le pied gauche sur un luth. Au-dessous, deux tiroirs ornés de mascarons, de chimères et de trophées. Aux côtés et au-dessus de la porte centrale, des tiroirs, ornés de chimères,

de trophées et de sept figures allégoriques, assises dans des paysages : Saturne, Bellone (?), Neptune, Mars, Diane (?), un Général (?) et une Renommée (?). Une partie de la décoration est en léger relief. — Inv. *6963*. (Pl. XLV).

H. $0^{m}54$; Larg.. $0^{m}70$; Prof. $0^{m}36$.
Italie du Nord, seconde moitié du XVIe s.

Hist. Anc. coll. Spitzer et Stein.
Bibl. Catal. vente Spitzer, 1893, n° 2533 et pl. 57. — Catal. vente Ch. Stein, 1899, n° 187, et pl. — *Les Arts*, juillet 1903, art. cité, fig. p. 28.

121. **Présentoir** à poignée de bronze. Le pommeau et la fusée, de forme aplatie, ne forment qu'un avec les quillons, moins larges que le talon de la lame. Au sommet du pommeau, deux volutes ; au milieu, sur chaque face, une cannelure longitudinale, repercée d'une rosace ajourée. La fusée a sur chaque face la même cannelure, repercée de deux petites rosaces ajourées ; elle est ornée de huit petites plaques rectangulaires, incrustées de bois et d'ivoire, à motifs géométriques. Lame très large, plate, de forme trapézoïdale, s'élargissant du talon à l'extrémité. — Inv. *6964*. (Pl. XLII).

Long. $0^{m}458$; Larg. $0^{m}117$.
Art allemand (?), seconde moitié du XVIe s.

Hist. Anc. coll. Zschillè.
Bibl. Catal. vente Richard Zschille, Paris, 1900, n° 23.

Divers éléments de la décoration de ce présentoir se retrouvent dans des couteaux analogues qui ont fait partie de la collection Spitzer (*La coll. Spitzer*, vol. III, nos 3, 13, 15 ; pl. I et II).

122. **Poignard**. La lame, à un tranchant et demi, a un talon gravé et doré. La poignée, à quatre pans, terminée par une tête de lion, est en fer noirci, gravé, doré et damasquiné d'or. La chape du fourreau est munie d'une croisette arquée (qui donne au poignard, quand il est dans sa gaîne, l'aspect d'une dague ordinaire). Ce fourreau, dont la chape et la bou-

terolle sont en fer ciselé et doré, décorées de grotesques et de rinceaux, est garni de velours rouge. — Inv. *6965*.

Long. 0^{m}355; Larg. 0^{m}078.
Art italien (?), seconde moitié du XVIe s.

Hist. Anc. coll. Spitzer.
Bibl. *La collection Spitzer*, vol. VI (Paris, 1892, in-fol.), n° 218 et pl. XXVII. — *Catalogue des armes et armures faisant partie de la collection Spitzer*, 1895; n° 281 et pl.

Le décor et l'aspect général de ce poignard sont de style italien ; mais la forme de sa lame est française. On attribue à un coutelier parisien de la seconde moitié du XVIe siècle, Martin de Houx, des damasquines analogues à celles-ci.

123. **Dague**. Pommeau, quillons et garde en fer incrusté d'argent ciselé. Le pommeau, ovoïde, est décoré de rinceaux et de feuillages stylisés ; les quillons, droits, et l'anneau de garde sont décorés de même. La lame, à deux tranchants et à talon, a sur chaque côté une gouttière sur toute sa longueur, et trois gouttières au talon ; toutes ces gouttières sont fenestrées. Fusée de filigrane. — Inv. *6966*.

Long. 0^{m}36; Larg. 0^{m}13.
Art italien, seconde moitié du XVIe s.

Hist. Anc. coll. de M. Edm. Foulc.

ARGENTERIE

124. **Aiguière** d'argent, en partie dorée. Elle est en forme de chope et munie d'une anse droite. Sur la panse unie se détache, vers le milieu, une étroite bande horizontale gravée et dorée, à feuillages stylisés. Au-dessous de la bande, un écu armorié, gravé, entouré du collier de saint Michel. Le pied rond, mouluré, est décoré, en léger relief, de masca-

rons, de feuillages et d'ornements stylisés. Les mêmes motifs ornent une plaque au sommet de l'anse. Sous le pied, deux poinçons. — Inv. *6967*. (Pl. XLVI).

H. 0m 178 ; L. 0m 188.
Art français, époque de Henri III.

L'écu est écartelé, aux 1 et 4, d'azur à deux besants en chef et une losange en pointe, de... ; aux 2 et 3, de... à un dextrochère de... tenant une épée haute de... ; sur le tout, une croix de..., chargée en cœur d'une croisette ancrée de...

Hist. Anc. coll. Pichon.
Bibl. Catal. vente du baron Jérôme Pichon, Paris, 1897 ; n° 369.

Cette aiguière est l'une des rares pièces d'argenterie du xvie siècle que l'on puisse attribuer à un atelier de Paris. L'un des deux poinçons qui sont frappés sous son pied (il comporte la fleur de lis et les deux « grains de remède » au-dessus d'un lion (?), avec une branche feuillue, le tout surmonté d'une couronne), désigne un orfèvre parisien (ou reçu maître à Paris), non encore identifié. L'autre poinçon donne la partie supérieure d'une lettre, surmontée d'une couronne ; c'est le poinçon de la « maison commune » ou « jurande » des orfèvres ; comme la lettre changeait chaque année, il permet de dater la pièce qui le porte ; mais dans le cas présent il ne peut malheureusement fournir aucune indication précise, car il est si mal venu, qu'on ne saurait reconnaître la lettre avec certitude. Toutefois on peut admettre que ce doit être une lettre très voisine de l'F ; nous connaissons en effet une autre aiguière, presque identique à celle-ci, dont le poinçon porte la lettre F. Cette lettre peut correspondre (chaque lettre revenant tous les 23 ans) aux années 1557-1558, ou 1580-1581, ou 1603-1604. Or la comparaison de cette aiguière avec la vaisselle de l'Ordre du Saint-Esprit, qui a été exécutée à Paris entre 1579 et 1585, montre que dans ce cas la lettre F correspond aux années 1580-1581. C'est donc également à cette époque qu'on doit attribuer notre aiguière.

Ces observations se trouvent confirmées quand on compare notre aiguière à celles de la Chapelle de l'Ordre du Saint-Esprit au Musée du Louvre, fabriquées par un orfèvre parisien en 1581-1582 (J.-J. Marquet de Vasselot, *Catalogue sommaire de l'Orfèvrerie, de l'Émaillerie et des Gemmes*, 1914 ; nos 266 et 267). Elles offrent en effet avec la présente aiguière des analogies frappantes : même parti-pris décoratif d'une panse unie contrastant avec un pied très orné ; même forme d'anse, avec même plaque de pouce dont le décor répète celui du pied ; dans la gravure des armoiries, même système d'indiquer par des hachures uniquement les champs d'azur ; enfin, analogies évidentes dans la gravure des poinçons.

Au sujet de ces derniers, l'ouvrage que prépare M. Henry Nocq contiendra d'utiles précisions sur l'emploi du poinçon « à deux grains de remède » ; quelques orfèvres, reçus maîtres à Paris, ont pu s'en servir dans diverses villes de la juridiction de Paris. Il convient donc, dans certains cas, d'éviter des affirmations trop catégoriques au sujet d'une origine « parisienne ».

Quant aux armoiries gravées sur l'aiguière, elles sembleraient avoir été ajoutées à une date un peu postérieure. Notre savant ami M. Max Prinet y a reconnu une variante des armes de la famille de *Montalembert* (Guyenne). L'Armorial général de France prouve en effet qu'en 1697 Jean de Montalembert, chevalier, seigneur de Montbeau en Agenais, etc., portait : écartelé aux 1 et 4 d'azur à un bras d'or sortant d'une nuée d'argent, qui tient une épée de même ; aux 2 et 3 d'azur à deux besants d'or en chef et une losange en pointe de même ; et sur le tout, d'argent à une croix ancrée de sable (Bibl. Nat. ; Ms. fr. 32206, p. 294). D'autre part le Recueil de l'Ordre de Saint-Michel, dressé par J. F. d'Hozier (Ms. fr. 32873, p. 125) ne mentionne à la fin du XVIe siècle et au XVIIe qu'un seul membre de cette famille, *Christophe de Montalembert*, seigneur de Roger et de Montgaillard ; ce personnage, né vers 1535, mort après 1602, fut chevalier de l'Ordre dès 1577 ; il fut maître d'hôtel de la reine de Navarre, conseiller du roi, capitaine et colonel au service de Henri IV. Ce serait peut-être à lui qu'aurait appartenu notre aiguière, fabriquée vers 1580.

DONATION

RAOUL DUSEIGNEUR

La peinture, la statuette de bois, et les objets de céramique et de cuivre, qui ont constitué la donation de M. Raoul Duseigneur (1916), ont été mêlés à la Collection Arconati Visconti, conformément aux vœux du donateur, avec l'acquiescement de Madame la Marquise Arconati Visconti.

PEINTURE

ÉCOLE SIENNOISE. Première moitié du XIVe siècle.

125. **Saint Nicolas de Bari faisant en secret l'aumône.**

A gauche, le jeune saint imberbe, à cheveux blond-roussâtre, auréolé d'un nimbe d'or ornementé, en robe rose tendre, garnie de bandes d'or sur la poitrine et aux manches, serrée par une mince ceinture vermillon, est debout vers la droite sur le sol nu brunâtre, se haussant sur les pointes chaussées de bleu sombre, pour atteindre l'étroite fenêtre par où il jette l'or, tiré du linge blanc suspendu à sa ceinture. A droite, dans le bâtiment ouvert, chambre aux murailles grises bariolées d'un décor de teintes vives, vermillon, bleu sombre, jaune ou brun, et à la voûte semée d'étoiles d'or, où les trois jeunes filles aux cheveux roussâtres, coiffées de bonnets agrémentés d'une bande centrale bleue et rouge, sont couchées côte à côte dans un grand lit de bois clair, sous un drap blanc et une couverture à larges raies quadrillées bleues et rouges. Deux dorment profondément ; la troisième, éveillée et curieuse, lève la tête. Au-dessus d'elles, une serviette blanche à liserés noirs pend d'un support de bois clair. Devant le lit, allongé sur le coffre où il dormait, la tête appuyée sur un coussin rouge à décor bleu sombre, le père, en robe vert d'eau, manches orangées et calotte bleu sombre, se redresse, aux aguets, surveillant l'ouverture. En avant, dallage rouge brique. A l'extérieur, derrière le saint, fond d'or uni bordé d'une fine dentelle gravée. (Pl. XLVII).

Détrempe. Peuplier. — H. 0m 298 ; L. 0m 202.

125. — École siennoise, XIVe s.
Saint Nicolas de Bari faisant en secret l'aumône.

Pl. XLVIII.

126. — École flamande, xve siècle.
Sainte Barbe.

Hist. Porte au revers le cachet du Campo Santo de Pise, mis vraisemblablement en vue de l'exportation, avec signature du Cte Carlo Lasinio (1757-1839), conservateur du Campo Santo et des Collections de Pise de 1807 à 1839, attribuant le panneau à « Simon (*sic*) Memmi di Siena ». — Acquis à l'Hôtel Drouot, vers 1890-1900, par M. Raoul Duseigneur (sous le nom de Taddeo Gaddi).

Le sujet se rapporte à un fait de la jeunesse de saint Nicolas, jetant de l'or pendant la nuit dans la maison d'un voisin, gentilhomme pauvre qui ne pouvait doter ses filles, et surpris par lui à la troisième reprise (cf. J. de Voragine, *La Légende dorée*, trad. G. Brunet, Paris, Gosselin, 1843, in-8°, t. I, p. 25-26 ; trad. T. de Wyzewa, Paris, Perrin, 1902, in-8°, p. 19).

Ce charmant petit panneau, où se montre la grâce familière propre à l'art siennois dans la représentation des scènes de la vie, doit avoir fait partie d'une suite de peintures anecdotiques sur la légende de saint Nicolas, disposées probablement de chaque côté de la figure centrale du saint, comme le retable du bienheureux Agostino Novello, par Lippo Memmi, à Sant' Agostino de Sienne, ou celui de la bienheureuse Humilité de Faenza, par Pietro Lorenzetti, à l'Académie de Florence, nous en offrent l'exemple. Le format en hauteur semble exclure l'idée d'une prédelle, où de tels récits avaient également place. L'œuvre se rapproche beaucoup, pour le style délicat et fleuri de miniaturiste, la spirituelle élégance et la souple légèreté d'exécution de l'art de Simone di Martino (1283-1344), auquel elle a été anciennement attribuée, et paraît émaner directement de son influence, sinon de sa main. Cf. notamment, pour l'arrangement et la compréhension des sujets, les scènes de la vie de saint Martin dans la basilique inférieure d'Assise (la Vision du saint et surtout son Sommeil dans l'église). Ambrogio Lorenzetti a traité la même scène de la légende de saint Nicolas dans un esprit tout différent (fragments de prédelle ou de volets à l'Académie de Florence). Cf. A. Venturi, *Storia dell' arte italiana*, t. V ; Milano, Hœpli, 1907, in-8°, fig. 497, 502, 540 à 543, 569.

SCULPTURE

126. **Sainte Barbe.**

Elle tient de la main gauche un gros livre entr'ouvert où son pouce marque le feuillet de la lecture interrompue. Sa main droite s'appuie sur une tour — son attribut — qui représente non seulement celle où son père la tint enfermée, mais aussi celle où fut captif le prisonnier d'un « puissant et cruel comte de Saxe », délivré par l'intervention de la sainte, et qui est sans doute figuré à mi-corps dans la petite fenêtre sous les créneaux. La chevelure de la sainte est recouverte d'un long voile en forme de turban qui, après avoir entouré en mentonnière le visage, retombe derrière l'épaule et s'enroule sur le bras gauche. — Inv. *1653*. (Pl. XLVIII).

Bois de chêne.
H. 0m 35 ; L. 0m 14 à la base.
Art flamand, xve s.

Dans un pli de la jupe, près du pied, est gravée une feuille, poinçon d'imagier bruxellois qui a été signalé par M. Joseph Destrée (*Études sur la sculpture brabançonne au moyen âge*, Bruxelles, 1894) sur deux statuettes en chêne de sainte Marie-Madeleine, l'une au Musée d'antiquités de Bruxelles, l'autre au Musée de Cluny.

OBJETS D'ART

127. **Plat** rond. Au fond, sur un terrain accidenté indiqué en bleu et jaune et semé de petits bouquets d'herbes dressées, deux personnages sont debout, dessinés en bleu sur le fond blanc : un personnage demi-nu, de profil à gauche, drapé dans un ample manteau a à sa droite un homme nu vu de dos, s'appuyant de la main droite sur un long bâton. Au marli, deux bandes concentriques, l'une de guirlandes de feuillages jaunes, l'autre ornée de fleurettes stylisées sur fond blanc. Revers émaillé de blanc. — Inv. *6926*. (Pl. XXXIV).

Céramique. Art italien. Florence ou Faenza, vers 1480.
D. 0m 32.

Cf. Fortnum, *Catalogue of maiolica in the Ashmolean Museum*, Oxford, 1897, pl. VII.

Nous avons ici un des plus parfaits exemples de l'influence des grands maîtres de la peinture sur l'art des décorateurs de céramique, si manifeste est ici le reflet du style de Pollaiuolo.

128. **Vase** en forme de balustre surbaissé. Sur un pied rond, muni d'un nœud, la panse aplatie à moulures et rainure creuse ; décor de godrons, de rinceaux et d'écailles en lustre jaune ponctué de lustre rubis sur fond bleu. — Inv. *6928*.

Céramique. Art italien. Gubbio, fin du XVe s.
H. 0m 195 ; D. 0m 20.

Ce vase, par sa forme nerveuse et la vigueur de son profil, doit dater des premiers essais de Gubbio dans la pratique du lustre.

129. **Cruche** de forme ovoïde, à bec, munie d'une anse plate. A la face antérieure, un cartouche aux armes des Médicis, encadré de cornes d'abondance, de guirlandes et de compartiments à rinceaux, réservés sur fond bleu. — Inv. *6927*.

Céramique. Art italien. Florence, milieu du XVIe s.
H. 0m325 ; D. 0m185.

Une cruche très analogue est dans la coll. Pringsheim, Cat. Falke, n° 40, pl. 24.

130. **Plat** rond. Le fond d'émail crème est couvert entièrement de bandes divergentes, chargées alternativement de hachures croisées et d'un motif géométrique en lustre chamois. Au marli, un entrelacs bleu et jaune forme cordon ; au centre, un écu soutient en bleu sur fond blanc le mot *amor* (la première lettre est retournée) et un *b*, le tout en minuscules gothiques.

Au revers, un aigle déployé, de profil à gauche, en lustre, sur un fond crème semé de rinceaux. — Inv. *6925*.

Céramique. Art hispano-moresque. Valence, fin du XVe s.
D. 0m45.

131. **Chandelier** en cuivre gravé et incrusté d'argent. Sur une haute base cylindrique, à profil concave, se dresse la tige cylindrique, surmontée d'un bobéchon à profil concave. Au pourtour de la base, quatre médaillons lobés, contenant chacun un personnage assis, reliés par une bande à inscriptions, et se détachant sur un semis de crochets en forme de Z. Les autres parties sont couvertes de divers ornements stylisés. — Inv. *6930*.

Art de Mossoul, XIVe s.
H. 0m24 ; D. 0m20.

Cette pièce rappelle, par sa forme, divers autres chandeliers, dont l'un des plus beaux fait partie de la collection de M. Raymond Kœchlin (*Album* de l'exposition des Arts Musulmans, Paris, 1903, pl. 17).

132. **Chandelier** en cuivre gravé. Sur une large base ronde, aplatie, se dresse la tige, en forme de balustre à cinq moulures saillantes. Décor gravé, avec incrustations d'argent : à la partie verticale de la base, frise d'animaux sur un fond de plantes stylisées et de rinceaux ; sur le reste de la pièce, entrelacs et ornements stylisés. — Inv. 6929.

Art vénitien, commencement du XVIe s.
H. 0m 16 ; D. 0m 19.

TABLE DES NOMS D'ARTISTES[1]

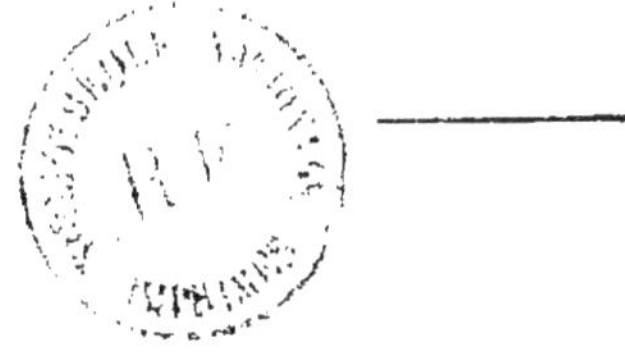

Pages.

1. Les chiffres placés à la suite des noms renvoient aux *numéros du catalogue*.

TABLE DES ILLUSTRATIONS

TABLE DES MATIÈRES

DONATION ARCONATI VISCONTI

Pages.

PEINTURES

SCULPTURES

OBJETS D'ART

DONATION RAOUL DUSEIGNEUR

MACON, PROTAT FRÈRES, IMPRIMEURS.

www.ingramcontent.com/pod-product-compliance
Ingram Content Group UK Ltd.
Pitfield, Milton Keynes, MK11 3LW, UK
UKHW020329230726
13925UKWH00002B/702

9 782014 465860